会计理论与财务管理信息化

贾军华　李曙丽　许晓琳◎著

重庆出版集团 重庆出版社

图书在版编目(CIP)数据

会计理论与财务管理信息化/贾军华,李曙丽,许
晓琳著.—重庆:重庆出版社,2021.12
ISBN 978-7-229-16390-7

Ⅰ.①会… Ⅱ.①贾… ②李… ③许… Ⅲ.①会计理
论②财务管理–管理信息系统 Ⅳ.①F230②F275-39

中国版本图书馆CIP数据核字(2021)第257450号

会计理论与财务管理信息化
KUAIJI LILUN YU CAIWU GUANLI XINXIHUA

贾军华 李曙丽 许晓琳 著

责任编辑:钟丽娟 张 蕊
责任校对:何建云

重庆出版集团 出版
重庆出版社
重庆市南岸区南滨路162号1幢 邮编:400061 http://www.cqph.com
重庆出版集团图书发行有限公司发行
E-MAIL:fxchu@cqph.com 邮购电话:023-61520646
全国新华书店经销

开本:787mm×1092mm 1/16 印张:11.5 字数:266千字
2022年8月第1版 2022年8月第1次印刷
ISBN 978-7-229-16390-7
定价:68.00元

如有印装质量问题,请向本集团图书发行有限公司调换:023-61520678

前　言

会计理论框架体系是支持和指导各种经济体制下各个行业会计实践的主要基础所在，可以说，随着市场经济环境的变化，会计理论也产生了变革。在经济环境演变发展的过程中，人们对于会计理论的认识从无到有，从粗放到精细。随着科学技术的发展以及国际经济环境的变化，目前会计理论呈现出了一定的变革。首先，新经济环境推动会计对象的变化。其次，新经济环境下会计目标发生变革。

在新的市场经济环境下，会计信息反映出了企业的财务状况和经营成果，因此对于一个企业的发展起着重要的作用。国内外会计学者、会计从业人员逐渐意识到了这一点，这进一步推动了财务会计相关理论框架的研究和创建。在当前的经济发展背景下，会计理论的研究数量多、范围广，而针对经济环境与会计理论发展的相关性研究主要侧重于会计理论的发展脉络层面。未来的经济环境是朝着规范化、信息化和金融化的趋势发展的，特别是未来金融市场将会不断完善，推动各种交易手段的创新和交易技术的丰富化发展，这终将会对会计发展带来一定的变化。

信息化时代移动终端、物联网、大数据、云计算的发展，成为中国经济创新驱动的发动机和产业转型的助推器，带动了技术研发体系创新、管理方式变革、商业模式创新和产业价值链体系重构，推动了跨领域、跨行业的融合和协同创新。

本书以"互联网+"思维为基础，将传统财务管理与"互联网+"时代的财务管理相结合，全面分析研究"互联网+"时代的财务管理创新。实用性强，紧跟时代步伐，强调技术与管理相结合，力求结构新颖。本书的设计强化了内容的综合性、知识的创新性、方法的灵活性，大大提高了学习者的学习效率和积极性，改变了传统财务管理的弊端，具有以下鲜明特征：

一是创新思维、轻松呈现。

二是模块清晰、专业务实。

三是内容新颖、贴合时代。

四是方法灵活、适用广泛。

"互联网+"时代，企业财务管理的决策数据和知识获取方式、决策参与者、决策组织和决策技术都发生了巨大改变。财务管理不再拘泥于财务数据，而应"跳出财务看财务"，把财务、业务与企业所在的市场环境等综合分析，并提出有洞察力的建议，以实现财务管理价值的提升。

目　录

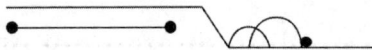

第一章 会计的基本理论

第一节 会计的概念与目标

一、会计的概念及特征

（一）会计发展历程

会计的发展历程经过古代会计、近代会计和现代会计三个阶段。

1. 古代会计阶段

会计是随着人类社会生产的发展和经济管理的需要而产生、发展并不断完善，为适应社会生产活动的客观要求而产生和发展起来的。大家知道，物质资料的生产是人类社会赖以生存和发展的基础，在生产活动中，为了获得一定的劳动成果，必然要耗费一定的人力、财力、物力，人们一方面关心劳动成果的多少，另一方面也注重劳动耗费的多少，力求以尽量少的劳动耗费创造尽量多的、满足社会需要的物质财富。只不过在不同生产力发展阶段，人们对其关心的手段、方法及水平不同而已，在人类社会的早期，人们只是凭借头脑来记忆生产活动过程中的所得与所费；随着生产活动的日益纷繁、复杂，大脑记忆已无法满足上述需要，于是，便产生了专门记录和计算生产活动过程中所得与所费的会计；随着生产与经营活动的进一步发展，会计已由简单的记录和计算，逐渐发展成为以货币为单位来综合反映和监督单位经济活动的一种经济管理工作。

会计的历史源远流长，中国古代的会计至少可追溯到伏羲时代。当时，随着剩余物品的出现、私有财产制度的产生、数学的萌芽以及社会生产的发展，出现了伏羲时代的"结绳记事"以及黄帝时代的"刻契记数"。但这时的会计还仅仅处于萌芽阶段。西周时代，随着农业、手工业及商业的发展，社会经济活动日益复杂，人们对计量记录有了更高的要求。清代学者焦循在《孟子正义》一书中，将西周的会计描述为"零星算之为计，总合算之为会"，其意思是说，岁末的全年总合计算以及日常的零星计算，合起来即叫作"会"，这就概括了"会计"二字连用的含义。西周王朝已经建立了较为正式的会计机构，设立了专管钱粮赋税的官员，并建立了所谓"以参互考日成，以月要考月成，以岁会考岁成"的"日成""月要"和"岁会"等报告文书，初步具有旬报、月报、年报等会计报表的雏形。到了宋代，产生了"四柱清册"记账法，将旧管（期初结存数）、新收（本期收入数）、开除（本期支出数）、实在（期末结存数）有机地结合起来，形成"旧管＋新收－开除＝实在"的平衡关系，奠定了中式复式记账法的理论基础。明清时代，在民间商业企业发明和采用了"龙门账"，将所有交易或者事项科学地划分为"进（收入）、缴（费用）、存（资产及债权）、该（负债及业主投资）"四大类，并以"进－缴＝存－该"作为其试算平衡公式计算盈亏，分别采用轧制的盈亏计算方式，双方相等时称为"合龙门"。在此基础上，于清代末期又发展出"天地合账"，对任何交易或者事项均在账簿中记录两笔，既登记来账，又登记去账，以核算其来龙去脉，成为名副其实的复式记账法，一直延续到 20 世纪上半叶。

2. 近代会计阶段

从西方来看，13 世纪到 15 世纪，地中海沿岸某些城市的商业和手工业兴旺发达，经济繁荣，从而产生了科学的复式记账法，意大利数学家卢卡·巴乔利于 1494 年出版的名著《算术、几何、比及比例概要》一书，其中的"簿记论"介绍了日记账、分录账、总账以及试算表的编制方法，介绍了复式记账的原理和方法，它标志着世界近代会计的开始。复式记账法的产生与发展，对于推动世界会计的发展具有极其重要的作用，历经若干个世纪长盛不衰，即便在会计逐步由手工操作向电算化过渡的今天，复式记账法的理论和方法仍是会计电算化的基础。

3. 现代会计阶段

现代会计按服务对象不同，主要分为财务会计和管理会计。财务会计主要侧重于对外部相关单位和人员提供财务信息，属于"对外报告会计"，管理会计主要是为强化单位内部经营管理、提高经济效益服务，属于"对内报告会计"。美国发生于 20 世纪 20 年代末的经济危机，促成了《证券法》和《证券交易法》的颁布，以及会计准则的系统研究和制定。财务会计准则体系的形成奠定了现代会计法规体系和现代会计理论体系的基础，还促进了传统会计向现代会计的转变。在西方，管理会计萌芽于 20 世纪初，随着经济社会环境、企业生产经营模式以及管理科学和科技水平的不断发展而逐步演进，至今大致经历了三个阶段：一是 20 世纪 20—50 年代的成本决策与财务控制阶段；二是 20 世纪 50—80 年代的管理控制与决策阶段，三是 20 世纪 90 年代至今的强调价值创造阶段。

中国现代会计主要是从 20 世纪初借贷记账法由日本传入我国后开始发展的，30 年代我国掀起了改良中式簿记的运动，推动了中小企业的会计改革，出现了中式簿记与西式簿记并存的局面。新中国成立后，我国各行各业又创造、运用了收付记账法、增减记账法，随后我国制定了一系列适合我国当时国情的会计制度。自我国推行经济体制改革以来，会计标准发生根本性变革。进入 20 世纪 90 年代后，随着我国市场取向的经济体制改革目标的明确、经济体制改革进程的加速，我国在会计制度方面实施了以《企业会计准则》以及 13 个行业会计制度为主要内容的会计制度改革，基本上实现了我国会计制度与国际会计惯例的接轨。

在我国，虽然管理会计相关理论引入较晚，但我国实践早已有之，不乏成功探索和有益尝试。如，新中国成立之初，以成本为核心的内部责任会计，包括班组核算、经济活动分析和资金成本归口分级管理等；70 年代末期到 80 年代末的以企业内部经济责任制为基础的责任会计体系；90 年代后的成本性态分析、盈亏临界点与本量利依存关系、经营决策经济效益的分析评价等，都属于管理会计的范畴。河北邯郸钢铁公司实行的"模拟市场，成本否决"可谓成本管理在我国企业应用的典范。如今，包括全面预算管理、平衡计分卡等绩效评价方法，作业成本法，标准成本法等成本管理方法在内的管理会计工具方法陆续在我国企业中运用。

经济越发展，会计越重要。经济全球化促进了会计国际化。随着计算机、网络、通信等先进信息技术与传统会计的融合，会计信息化不断发展，它为企业经营管理、控制决策和经济运行提供了全方位的信息。

（二）会计的概念

由上述会计发展历程的简要回顾不难看出，会计的产生是基于管理社会生产生活的需要；会计的不断发展和完善，是社会生产力水平日益提高、社会经济生活日益复杂的结果，更是人们追求少费多得、提高经济效益的结果。经济越发展，会计越重要。正是基于此，会计由生产职能的附带部分，从生产职能中分离出来，成为特殊、专门的独立职能。为此，会计理论界根据会计的作用和功能，结合现实经济生活，对会计进行定义，从而形成会计概念：会计是以货币为主要计量单位，运用专门的方法，核算和监督一个单位经济活动的一种经济管理工作。

上述会计概念中所提及的"单位经济活动"中的单位是指国家机关、社会团体、公司、企业、事业单位和其他组织的统称。

本书所谈及的交易或事项，引用《企业会计准则》的提法，单位会计核算和监督的内容包括单位在生产经营和业务活动所发生的一切可以用货币计量的交易或事项。交易的本意是指买卖双方对某一产品或商业信息进行磋商谈判的生意，俗称买卖。会计上所称的交易，是指单位与其他单位和个人之间发生的各种经济利益交换，如产品销售等。会计上所称的事项，是指在单位内部发生的具有经济影响的各类事件，如计提折旧等。就会计的观点而言，凡是可以使企业资产、负债、所有者权益、收入、费用、利润等会计要素发生增减变化的交易或事项，都称为会计交易或事项，有些教材称为"经济业务""经济业务事项"。

会计已经成为现代企业一项重要的管理工作。企业的会计工作主要是通过一系列会计程序，对企业的经济活动和财务收支进行核算和监督，反映企业财务状况、经营成果和现金流量，反映企业管理层受托责任履行情况，为会计信息使用者提供决策有用的信息，并积极参与经营管理决策，提高企业经济效益，促进市场经济的健康有序发展。

（三）会计的基本特征

上述会计概念体现会计的以下基本特征：

1. 会计是一种经济管理活动

会计产生于人们对经济活动进行管理的需要，并随着加强经济管理、提高经济效益的要求而发展，会计的目的是加强经营管理，提高经济效益，从本质上看，会计就是一种经济管理活动。

2. 会计是一个经济信息系统

会计作为一个信息系统，其主要特征是将单位经济活动的各种数据转换为货币化的会计信息，为内部管理者和外部利益相关者进行经济决策提供主要依据。随着经济的发展和社会的进步，科学技术日新月异，特别是资本市场的建立和发展，会计对经济信息的作用日益显现。

3. 会计以货币作为主要计量单位

会计计量是对交易或事项的数量关系进行计算、衡量的过程，实质是以数量关系揭示其内在关系。在商品货币经济环境下，会计主要采用货币计量尺度，运用其独特的技术方法向有关关系人提供社会经济生活所需要的经济信息，同时，还利用所掌握的信息参与经营管理，尽量少费多得，以最大限度地提高效益。

4. 会计具有核算和监督的基本职能

会计的基本职能是指会计在经济管理过程中所具有的功能。会计在经济活动中所发生的一切作用，都是会计职能在一定经济条件下的具体表现。在社会经济发展的不同阶段，会计的职能具有不同的特点，经济越发展，会计的职能越丰富，但会计的基本职能是不变的。会计的基本职能包括会计核算和会计监督两个方面，在下节将详述其基本功能。

5. 会计采用一系列专门方法

会计方法是用于反映和监督会计对象、执行会计功能、完成会计任务的具体手段。狭义的会计方法是指会计技术方法；广义的会计方法一般包括会计核算方法、会计分析方法和会计监督方法等。这些方法既相对独立，又相互联系、相互配合，共同构成统一的会计方法体系，其中，会计核算方法又是整个会计方法体系中的基本方法。

会计采用一系列专门方法，对特定主体的经济活动进行记账、算账、报账，为各有关方面提供会计信息。如根据交易或者事项填制和审核会计凭证，按照规定的会计科目设置账户，运用复式记账法登记账簿，按一定对象计算成本，定期或不定期进行财产清查，最后，根据账簿记录编制会计报表。

二、会计的对象与目标

（一）会计对象

会计需要以货币为主要计量单位，对特定主体的经济活动进行核算与监督。也可以说，凡是能够以货币表现的经济活动，都是会计核算和监督的内容，那就是会计对象。而以货币表现的经济活动，通常又称为价值运动或资金运动，因而我们可以把会计对象的内容概括为生产经营过程中的资金运动。资金运动包括各特定对象的资金投入、资金运用、资金退出等过程，在不同的企业、行政、事业单位，又有较大差异。即使同样是企业，工业、农业、商业、交通运输业、建筑业及金融业等也均有各自的资金运动的特点，其中以工业企业最具代表性。工业企业是从事工业产品生产和销售的营利性的经济组织。下面以工业企业为例，说明企业会计对象的基本内容。

为了从事产品的生产与销售活动，企业必须拥有一定数量的资金，用于建造厂房、购买机器设备、购买原材料、支付职工工资、支付经营管理中必要的开支等，生产出的产品经过销售后，收回的货款还要补偿生产中的垫付资金，偿还有关债务，上缴有关税金等。由此可见，工业企业的资金运动包括资金的投入、资金的循环与周转（包括供应过程、生产过程和销售过程三个阶段）和资金的退出三部分，既有一定时期内的显著运动状态（表现为收入、费用、利润等），又有一定日期的相对静止状态（表现为资产同负债及所有者权益的恒等关系）。资金投入是资金运动的起点。资金投入包括企业所有者投入的资金和债权人投入的资金两部分，前者属于企业所有者权益，后者属于企业债权人权益——企业负债。投入企业的资金一部分构成流动资产，另一部分构成非流动资产，资金的循环和周转分为供应、生产、销售三个阶段。在供应过程中，企业要购买原材料等劳动对象，发生材料买价、运输费、装卸费等材料采购成本，与供应单位发生货款的结算关系。在生产过程中，劳动者借助于劳动手段将劳动对象加工成特定的产品，发生原材料消耗的材料费、固定资产磨损的折旧费、生产工人劳动耗费的人工费等，构成产品使用价值与价值的统一体。同时，还将发生企业与工人之间的工资结算关系，与有关单位之间的劳务结算关系等。在销售过程中，将生产的产品销售出去，发生有关支付销售费用、收回货款、缴纳税金等业务活动，并同购货单位发生货款结算关系，同税务机关发生税务结算关系等。企业获得的销售收入，扣除各项费用成本后的利润，还要提取盈余公积，并向投资者分配利润。资金的退出，包括偿还各项债务、上缴各项税金、向投资者分配利润等，使得这部分资金离开本企业，退出本企业的资金循环与周转。

上述资金运动的三个阶段是相互支撑、相互制约的统一体。没有资金的投入，就不会有资金的循环与周转；没有资金的循环与周转，就不会有债务的偿还、税金的上缴和利润的分配等。而从理论上讲，没有这类资金的退出，就不会有新一轮资金的投入，就不会有企业进一步的发展。值得注意的是，不是企业生产经营过程的全部内容都是会计核算的对象，只有以货币表现的经济活动，才是会计核算的内容。

因此，会计对象是指会计所核算和监督的内容，具体是指社会再生产过程中能以货币表现的经济活动，即资金运动或价值运动。

（二）会计目标

会计目标也称会计目的，是要求会计工作完成的任务或达到的标准，即向财务会计报告使用者提供与企业财务状况、经营成果和现金流量等有关的会计信息，反映企业管理层受托责任履行情况，有助于财务会计报告使用者做出经济决策。

1. 反映企业管理层受托责任履行情况

在现代企业制条件下，企业所有权和经营权分离，企业管理层是受委托人委托经营管理企业及其各项资产，负有受托责任，也就是说，企业管理层经营管理的各项资产基本上均为投资人投入的资本（或者留存收益作为再投资）、向债权人借入的资金形成的，企业管理层有责任妥善保管，并合理、有效运用这些资产。为了评价管理层的责任情况和业绩，并决定是否必要继续聘用或更换管理层，是否需要调整投资或者信贷决策，是否需要加强企业内部控制制度和其他制度建设等等，企业投资者和债权人等需要及时了解企业管理层保管和使用资产的情况。因此，会计应当反映企业管理层受托责任履行情况，以便外部投资者和债权人等评价企业经营管理责任和资源使用的有效性。

2. 向财务会计报告使用者提供经济决策有关信息

生成和提供会计信息是一项基础会计工作，编制财务会计报告的目的是为了满足财务报告使用者的信息需要，有助于财务会计报告使用者做出是否投资、是否发放或回收贷款等经济决策；有助于政府部门做出促进经济资源公平合理分配、市场经济秩序公正有序发展等宏观经济决策。财务会计报告使用者包括投资者、债权人、政府及其部门和社会公众等。

第二节　会计的职能与方法

一、会计的职能

（一）会计的基本职能

1. 会计核算职能

会计核算职能，又称会计反映职能，是指会计以货币为主要计量单位，对特定主体的经济活动进行确认、计量和报告。通俗地讲，通过会计工作，真实核算经济活动情况，为经济管理提供准确的信息。会计核算职能是会计最基本的职能，它贯穿于经济活动的全过程，经过以下核算环节：

（1）确认

指通过一定的标准或者方法来确定所发生的经济活动是否应该或能够进行会计处理。

（2）计量

指以货币为单位对已确定为可以进行会计处理的经济活动确定其应记录的金额。

（3）记录

指通过一定的会计专业方法按照上述确定的金额将发生的经济活动在特有的载体上进行登记的工作。

（4）报告

指以通过编制会计报表的形式向有关方面和人员提供会计信息，它是会计工作的最终环节。

2. 会计监督职能

会计监督职能，又称会计控制职能，是指对特定主体经济活动和相关会计核算的真实性、合法性和合理性进行监督检查。即以一定的标准和要求，根据会计所提供的信息，对特定主体的经济活动进行有效的指导、控制和调节，以达到预期的目的。合法性审查是指保证各项交易或者事项符合国家的有关法律法规，遵守财经纪律，执行国家的各项方针政策，杜绝违法乱纪行为。合理性审查是指检查各项财务收支是否符合特定对象的财务收支计划，是否有利于预算目标的实现，是否有奢侈浪费行为，是否有违背内部控制制度要求等现象，为增收节支、提高经济效益严格把关。

会计监督是一个过程，它分为事前监督、事中监督和事后监督。事前监督是对将要发生的经济活动进行会计监督，事中监督是对正在发生的经济活动进行会计监督，事后监督是对已经发生的经济活动进行会计监督。事前监督与事中监督有利于及时发现问题，及时采取补救措施，防患于未然；事后监督便于全面、真实、准确地检查经济活动的全过程，提高会计监督的准确性。因此，应结合具体情况，灵活选择监督的方法。

3. 会计核算与监督职能的关系

会计核算与监督职能两项基本会计职能是相辅相成、辩证统一的关系。会计核算是会计监督的基础，没有核算所提供的各种信息，监督就失去了依据；而会计监督又是会计核算质量的保障，只有核算没有监督，就难以保证核算所提供信息的真实性、可靠性。当然，随着生产力水平的日益提高、社会经济关系的日益复杂和管理理论的不断深化，会计所发挥的作用日益重要，其职能也在不断丰富和发展。除了进行会计核算和实施会计监督两个基本职能外，会计还具有预测经济前景、参与经济决策、控制经济过程、评价经营业绩等职能。虽然后几项职能是在会计基本职能的基础上拓展出来的，但已发挥着越来越重要的作用。

（二）拓展职能

会计除了核算和监督两个基本职能外，还具有以下三项拓展职能：

1. 预测经济前景

会计预测是依据会计信息及有关技术经济信息，运用一定的会计和数学方法，对企业未来的经济活动，尤其是价值运动过程中各个方面的发展状况、趋势和预期出现的结果，进行估计和预先计算。会计预测内容包括资金预测、成本预测、利润预测等，会计预测的依据主要是会计资料，它是利用已经取得的会计信息产生新会计信息的过程。也就是说，会计预测是一个信息处理和信息反馈的过程。会计预测的直接目的是为单位经济活动服务，为会计决策提供信息。

2. 参与经济决策

会计是以货币为计量单位，反映和监督一个单位经营活动的经济管理工作。在企业，主要是反映财务状况、经营成果和现金流量，并对企业的经济活动和财务收支进行分析、监督。会计通过会计信息的提供以及分析，协助企业管理决策者进行经营管理决策，即参与经济决策。会计决策主要体现在筹资决策、投资决策和生产成本决策等方面，并需要借助一定的财务指标来表现，如资金、成本、利润等。会计参与经济决策对于加强经营管理和财务管理、提高经济效益、维护市场经济秩序，有着不可或缺的作用。

3. 评价经营业绩

会计通过核算等资料，采用一定的方法，对企业的财务状况、经营业绩及财务预算、计划执行情况进行分析评价，发现问题，查明原因，从而总结经验，提出改进措施，以提高企业经济效益。如财务会计可以通过定期编制财务报表，揭示一个企业的财务经营状况及其变动趋势和最终经营业绩；也可以通过对财务报告的分析评价，肯定成绩，找出差距，提出建议，采取解决措施。

二、会计核算方法

会计核算方法是指对会计对象进行连续、系统、全面、综合的确认、计量和报告所采用的各种方法。

（一）会计核算方法体系

会计核算方法体系由填制和审核会计凭证、设置会计科目和账户、复式记账、登记会计账簿、成本计算、财产清查、编制财务会计报告等专门方法构成。它们相互联系、紧密结合，确保会计工作有序进行。下面，分别介绍会计核算方法体系中的各种专门方法。

1. 填制和审核会计凭证

填制会计凭证，就是将已经发生和已经完成的各项交易或者事项逐一记录在会计凭证上，并由经办人签章，填制好的会计凭证在记账之前还要经专人审核，并按其应记入的账户编制会计分录，按会计分录登记账户。

通过填制和审核会计凭证、编制会计分录、对交易或者事项做出原始记录，能够明确经济责任并形成记账依据。通过填制和审核会计凭证，可以对企事业单位的经济活动进行经常的、有效的监督。

2. 设置会计科目和账户

设置会计科目和账户是对会计对象的具体内容进行归类核算和监督的一种专门方法。会计对象的内容是复杂多变的，为了对各项交易或者事项进行系统的核算和监督，就必须对会计内容按照其本身的性质和管理的要求进行科学的分类，划分为若干个科目，并为每个科目开设具有一定结构内容的账户，通过账户分门别类登记交易或者事项，以便取得各项经济指标。

3. 复式记账

复式记账就是对每项交易或者事项，都以相同的金额同时在两个或两个以上相互联系的账户中进行登记，借以完整地反映每一项交易或者事项的方法。

在经济活动中，每项交易或者事项的发生都会引起两项资金形式的变化。比如用银行存款购买材料，一方面引起银行存款减少，另一方面引起材料增加，这两种形态都需要在账户中登记。每项交易或者事项只有在两个或两个以上账户中同时登记，才能完整地反映资金的来龙去脉，才能把交易或者事项连续记录下来。通过复式记账，还可以检查监督交易或者事项的收支活动。

4. 登记会计账簿

登记会计账簿就是以会计凭证为依据，采用复式记账方法，把每项交易或者事项分门别类地登记到有关账户中去。

将交易或者事项全部记入会计凭证，只是取得了一个记账的依据，会计凭证是大量的、分散的，只有按交易或者事项发生的性质分类后，记到有关账户中，才能提供比较系统的、全面的会计信息。账簿是账户的集合，是记录和存储会计信息的数据库，是编制会计报表的依据。

5. 成本计算

成本计算就是企业将生产经营过程中发生的直接费用和间接费用按照不同的成本计算对象进行归类，从而计算不同成本计算对象的总成本和单位成本。

凡是实行独立核算的企业，都必须进行成本计算。工业企业需计算产品生产成本和销售成本，商业企业需要计算商品进价成本和销售成本，建筑安装企业需要计算建筑安装成本等。成本计算是企业进行经济核算的中心环节，通过成本计算可以了解生产经营活动的经济效益。比较收支，可以检查经营过程营运资金的运用效果，促使企业改进措施、加强核算、节约支出。成本计算还是进行成本预测、编制成本计划的基础。

6. 财产清查

财产清查就是通过盘点实物，核对账目，核对各项资产、负债和所有者权益，查明实有数，保证账实相符的一种专门方法。

通过财产清查，一方面可以加强会计记录的真实性、正确性，保证账实相符；另一方面还可以查明资产来源情况，债务、债权的清偿情况，以及各项资产运用和存货情况。

7. 编制财务会计报告

编制财务会计报告是指按照一定格式定期总括地反映财务状况和经营成果的一种专门方法。财务会计报告由会计报表、会计报表附注和财务情况说明书组成。编制财务会计报告可以为信息使用者集中提供主要会计信息，有利于改善企业生产经营管理，并为有关单位提供投资的决策依据。

会计核算的各个方法不是孤立的，它们在会计核算过程中相互配合，形成一个有机的方法体系。

（二）会计循环

会计循环是指按照一定的步骤反复运行的会计程序。从会计工作流程看，会计循环由确认、计量和报告等环节组成；从会计核算的具体内容看，会计循环由填制和审核会计凭证、设置会计科目和账户、复式记账、登记会计账簿、成本计算、财产清查、编制财务会计报告等组成。填制和审核会计凭证是会计核算的起点。

也就是说，会计主体在每一会计期间，应用一系列的会计处理方法和程序，对所发生的交易或者事项，按照一定的会计步骤，进行确认、计量和报告的过程，这一过程依次逐步进行，周而复始，这就是会计循环。通常，一个会计期间表示一个会计循环，本次循环的终结就是下次会计循环的开始。所以，会计循环是由若干个步骤所组成的从经济数据的收集、输入、加工、处理直至会计信息的输出的整个工作流程。填制和审核会计凭证、设置会计科目和账户、复式记账、登记会计账簿、成本计算、财产清查、编制财务会计报告，这些是会计循环的具体基本步骤，从起点到终点逐步进行，又周而复始。

第三节 会计信息的使用者及其质量要求

一、会计信息的使用者

会计信息是指会计工作所提供的经济信息，以凭证、账户、报表及有关分析资料等形式存在，主要还是以财务会计报告的形式反映。会计信息反映企业的财务状况、经营业绩和资金流动等情况，为会计信息的使用者提供经济决策的科学依据。

随着企业建制和资本市场的不断发展完善，会计信息使用者的范围也较以往大大增加，关注程度越来越高，会计信息的使用者主要包括投资者、债权人、企业管理者、政府及其相关部门和社会公众等。会计信息的使用者不同，各自关注的侧重点也不一样。

企业投资者关注企业的盈利能力和发展能力，他们需要借助会计信息决定是否投资、更换管理层和加强企业内部控制等。

企业管理者是会计信息的重要使用者，特别关注企业的盈利能力，他们需要借助会计信息管理、控制企业，做出经营决策。

债权人和供应商主要关注企业的偿债能力和财务风险，债权人需要借助会计信息决定是否发放贷款，供应商根据会计信息判断能否回收货款等。

政府相关部门关心的是社会效益及税收，需要会计信息，用于监管企业、制定政策和国民经济统计等。

社会公众主要关注的是企业的生产经营活动和可持续发展能力，有没有生产伪劣产品，是否对环境造成污染，企业在这些方面的投入多少，能不能增加就业等等。

二、会计信息的质量要求

（一）可靠性

可靠性要求企业应当以实际发生的交易或者事项为依据，进行会计确认、计量和报告，如实反映符合确认和计量要求的各项会计要素及其他相关信息，保证会计信息真实可靠、内容完整。因此要做到：

第一，会计记录必须以实际发生的交易或者事项为依据，不受主观意念的支配，并且有证明这些交易或者事项的原始凭证。

第二，要求会计核算程序、方法符合交易或者事项的实际特点。

第三，要求如实反映财务状况及其成果，做到记录清楚、内容真实、数字准确、项目完整、资料可靠。

（二）相关性

相关性要求企业提供的会计信息应当与财务会计报告使用者的经济决策需要相关，有助于财务会计报告使用者对企业过去和现在的情况做出评价，对未来的情况做出预测。

相关性要求会计信息与其使用者的需要相关，也就是与其经济决策相关。不同的会计信息使用者，对信息的需要也不一样，根据相关性原则，会计工作在收集、加工、处理和提供会计信息的过程中应当考虑各方面的信息需求。特定用途的信息，不一定都能通过财务会计报告来提供。

（三）可理解性

可理解性要求企业提供的会计信息应当清晰明了，便于财务会计报告使用者理解和使用。

提供会计信息的目的在于使用，要让使用者了解信息的内涵，这就要求会计核算和财务会计报告必须清晰明了。

可理解性要求会计核算的一切记录应当准确、清晰，填制会计凭证、登记会计账簿应做到依据合法，科目对应关系清楚，文字摘要完整。在编制会计报表时，项目之间钩稽关系清楚，项目完整，数字准确。

（四）可比性

可比性要求企业提供的会计信息应当相互可比，保证同一企业不同时期可比，不同企业相同会计期间可比。

可比性要求，同一企业不同时期发生的相同或者相似的交易或者事项，应当采用一致的会计政策，不得随意变更。确需变更的，应当在附注中说明；不同企业发生的相同或者相似的交易或者事项，应当采用规定的会计政策，确保会计信息口径一致、相互可比。

第二章 会计凭证

第一节 会计凭证的概念、作用和种类

一、会计凭证的概念及作用

会计凭证是记录交易或者事项发生和完成情况的书面证明，也是登记账簿的依据。

各单位在进行会计核算时，应当以实际发生的交易或者事项为依据，这是会计核算应遵循的基本原则。任何单位在处理任何交易或者事项时，都必须由执行和完成该项交易或者事项的有关人员，从单位外部取得或自行填制有关凭证，以书面形式记录和证明所发生交易或者事项的性质、内容、数量、金额等，并在凭证上签名或盖章，以对交易或者事项的合法性和凭证的真实性、正确性负责。例如，企业从外部购买材料，必须由业务经办人员取得购货发票，并签名或盖章；企业生产中领用材料，应填制领料单等。各种发票、领料单等，都属于会计凭证。任何会计凭证都必须经过有关人员的严格审核、确认无误后，才能作为记账的依据。

合法地取得、正确地填制和审核会计凭证，是会计核算的基本方法之一，也是会计核算工作的起点，其在会计核算中的作用体现在：

第一，记录交易或者事项，提供记账依据。会计凭证是登记账簿的依据，会计凭证所记录有关信息是否真实、可靠、及时，对于能否保证会计信息质量，具有至关重要的影响。

第二，明确经济责任，强化内部控制。任何会计凭证除记录有关交易或者事项的基本内容外，还必须由有关部门和人员签章，对会计凭证所记录交易或者事项的真实性、正确性、合法性、合理性负责，以防止舞弊行为，强化内部控制。

第三，监督经济活动，控制经济运行。通过会计凭证的审核，可以查明每一项交易或者事项是否符合国家有关法律、法规、制度的规定，是否符合计划、预算进度，是否有违

法乱纪、铺张浪费行为等。对于查出的问题，应积极采取措施予以纠正，实现对经济活动的事中控制，保证经济活动的健康运行。

二、会计凭证的种类

会计凭证的种类很多，可以按照不同的标准予以分类。最基本的分类方法是按其编制的程序和用途不同，分为原始凭证和记账凭证两类。

原始凭证又称单据，是在交易或者事项发生或完成时取得或填制的，用以记录或证明交易或者事项的发生或完成情况的原始凭据。原始凭证是会计核算的原始资料和重要依据。

记账凭证又称记账凭单，是会计人员根据审核无误的原始凭证，按照交易或者事项的内容加以归类，并据以确定会计分录后所填制的会计凭证。它是登记账簿的直接依据。记账凭证根据复式记账法的基本原理，确定应借、应贷的会计科目及其金额，将原始凭证中的一般数据转化为会计语言，是介于原始凭证与账簿之间的中间环节，是登记明细分类账户和总分类账户的依据。

第二节　原始凭证

一、原始凭证的种类

原始凭证的种类很多，归纳起来可以按以下三个标准分类：

（一）按来源不同分类

按原始凭证取得来源的不同，可以分为外来原始凭证和自制原始凭证两种。

1. 外来原始凭证

外来原始凭证是指在交易或者事项发生或完成时，从其他单位或个人直接取得的原始凭证，外来原始凭证应在企业同外单位发生经济业务时，由外单位的相关人员填制完成。外来原始凭证一般由税务局等部门统一印制，或经税务部门批准由经营单位印制，在填制时加盖出具凭证单位公章方为有效。对于一式多联的原始凭证，必须用复写纸套写或打印机套打。如购买货物取得的发货票，增值税专用发票及铁路运单，对外单位支付款项时取得的收据，职工出差取得的飞机票、火车票等。

2. 自制原始凭证

自制原始凭证是指由本单位内部经办业务的部门和人员，在执行或完成某项交易或者事项时填制的、仅供本单位内部使用的原始凭证。如收料单、领料单、限额领料单、产品入库单、产品出库单、单位内部职工出差借款时填制的借款单、工资发放明细表、折旧计算表、销售部门销售商品时开出的提货单等。

（二）按照填制手续及内容不同分类

原始凭证按照内容和填制方法的不同，又可分为一次凭证、累计凭证、汇总原始凭证和记账编制凭证。

1. 一次凭证

一次凭证是指一次填制完成，只记录一笔经济业务且仅一次有效的原始凭证。一次凭证是由相关业务人员一次填制完成，该凭证往往只能反映一项经济业务，或者同时反映若干项同一性质的经济业务。

2. 累计凭证

累计凭证是指在一定时期内多次记录发生的同类交易或者事项且多次有效的原始凭证。其特点是在一张凭证内，可以连续登记相同性质的交易或者事项，随时结出累计数及结余数，并按照限额进行费用控制，期末按实际发生额记账。累计凭证是多次有效的原始凭证。

限额领料单上标明了某种材料在规定期限内的领用限额，每次领料或退料时，经办人都要在限额领料单上逐笔登记，并结出限额余额。期末结出实际领用数量和金额，送交有关部门和会计部门作为核算的依据。

使用累计凭证，可以随时计算发生额累计数和余额，便于同计划或定额比较，能起到事前控制的作用，而且可以减少凭证数量，简化会计核算工作。但由于这种凭证需多次反复使用，因此必须加强日常管理。

3. 汇总原始凭证

汇总原始凭证，也称原始凭证汇总表，是指对一定时期内反映交易或者事项内容相同的若干张原始凭证，按照一定标准综合填制原始凭证。汇总原始凭证合并了同类型交易或者事项，简化了记账工作量。

4. 记账编制凭证

记账编制凭证是指根据账簿记录，将某类交易或者事项进行归类、整理而填制的原始凭证。大部分的自制原始凭证都是根据交易或者事项的实际发生、完成情况，由经办人填制的，但有些原始凭证则是由会计人员根据账簿记录，将某类交易或者事项进行归类、整理、计算编制的,如月末根据"制造费用""产成品"等账簿记录编制的"制造费用分配表""产品成本计算表"等就是记账编制凭证。

(三) 按照格式不同分类

原始凭证按格式的不同,可以分为通用原始凭证和专用原始凭证两种。

1. 通用原始凭证

通用原始凭证是指由有关部门统一印制、在一定范围内使用的具有统一格式和使用方法的原始凭证。通用原始凭证的使用范围可以是某一地区、某一行业,也可以是全国,由其主管部门制定。如全国通用的增值税专用发票,统一的商业零售发票,银行转账的结算凭证等。

2. 专用原始凭证

专用原始凭证是指由单位自行印制、仅在本单位内部使用的原始凭证,如收料单、领料单、工资费用分配表、折旧计算表等。

以上是按不同标准对原始凭证进行的分类,它们之间是相互依存、密切联系的。如"销货发票"对销货单位来讲是自制原始凭证,对购货单位来说则是外来原始凭证。

二、原始凭证的基本内容

各个单位的交易或者事项是多种多样、各不相同的,其经营管理的要求也不同,因而作为记录交易或者事项、明确经济责任的原始凭证的内容和格式也各不相同。但无论何种原始凭证,都必须做到所载明的交易或者事项的发生或完成情况清晰,经济责任明确。原始凭证一般具备以下基本内容(也称为原始凭证要素):

第一,原始凭证的名称。它标明了所记录业务的性质和用途,便于核算分类。如"发票""领料单"等。

第二,填制原始凭证的日期、编号。原始凭证的日期标明了交易或者事项发生或完成的时间,便于按期对交易或者事项进行序时核算;也便于确定成本费用和收入的归属期。原始凭证的编号,标明了原始凭证的顺序,便于查对,以加强对凭证的管理,有的原始凭证是预先印好编号。

第三,接受凭证单位的名称。它标明了接受单位名称,以便于查证,防止弄虚作假。

第四,交易或者事项的内容(含单位、单价、金额等)。它注明了交易或者事项的内容,以反映交易或者事项的性质,便于检查其是否符合有关政策、法规。实物数量、单价和金额,标明了经济责任的大小和交易或者事项的性质,可以对交易或者事项从实物量和价值量两方面进行计量。

第五，填制单位和填制人签章。它标明了填制单位名称及签字或盖章，填制人名称及签字或盖章，反映该项交易或者事项的负责单位和人员，便于明确经济责任。

第六，经办人员签章。它标明了该项交易或者事项的经办人员签字或盖章，便于明确经济责任。

第七，凭证附件。它注明了该项交易或者事项所附带的凭证，便于完整了解该笔交易或者事项的详细情况。

在实际工作中，根据经营管理和特殊业务的需要，除上述基本内容外，可以增加必要的项目。对于不同单位经常发生的共同性交易或者事项，国家有关部门制定了一些统一的凭证格式。如，国家税务总局统一制定了增值税专用发票，标明了购销双方的名称、电话、经济活动的金额、税率、税额等；人民银行统一制定的银行转账结算凭证，标明了结算双方单位名称、账号等内容；铁道部统一制定的铁路运单，标明了发货单位、收货单位、提货方式等。

三、原始凭证的填制

（一）原始凭证的填制的基本要求

原始凭证是具有法律效力的书面证明，是记账的依据，是会计核算最基础、最重要的原始资料。要保证会计核算工作的质量，必须从保证原始凭证的质量做起，必须正确填制原始凭证。具体地说，原始凭证的填制必须符合下列基本要求：

1. 记录要真实

原始凭证所填列的交易或者事项内容和数字，必须真实可靠，符合实际情况。任何单位不得以虚假的交易或者事项或者资料进行会计核算。

2. 内容要完整

原始凭证所要求填列的项目必须逐项填列齐全，不得遗漏和省略，需要注意的是，年、月、日要按照填制原始凭证的实际日期填写；名称要齐全，不能简化；品名或用途要填写明确，不能含糊不清；有关人员的签章必须齐全。

3. 手续要完备

单位自制的原始凭证必须有经办单位领导人或者其他指定人员的签名盖章，对外出示的原始凭证必须加盖本单位公章等；从外部取得的原始凭证，必须盖有填制单位的公章；从个人取得的原始凭证，必须有填制人员的签章。总之，取得的原始凭证必须符合手续完备的要求，以明确经济责任，确保凭证的真实性。

4. 书写要清楚、规范

原始凭证要按规定填写，文字要简要，字迹要清楚，易于辨认，不得使用未经国务院公布的简化汉字。大小写金额的填写要规范，小写金额用阿拉伯数字逐个书写，不得写连笔字，在金额前要填写人民币符号￥，人民币符号￥与阿拉伯数字之间不得留有空白，金额数字一律填写到角分，无角分的，用"00"或符号"—"，有角无分的，分位写"0"，不得用符号"—"。大写金额用汉字壹、贰、叁、肆、伍、陆、柒、捌、玖、拾、佰、仟、万、亿、元、角、分、零、整等，一律用正楷或行书体书写，大写金额前未印有"人民币"字样的，应加写"人民币"三个字，"人民币"字样和大写金额之间不得留有空白，大写金额到元或角为止的，后面要写"整"或"正"字，有分的，不写"整"或"正"字，如小写金额为 1 008.00，大写金额应写成"壹仟零捌元整"。

5. 编号要连续

各种凭证要连续编号，以便查考。如果凭证已预先印制编号，如发票、支票等重要凭证，在写坏作废时，应加盖"作废"戳记，妥善保管，不得撕毁。

6. 不得随意涂改、刮擦、挖补

原始凭证填写错误需要更改时，应采用画线更正法更改，将错误的文字画一条红线注销，但须使原来的文字仍然可以看清楚，然后将正确的文字用蓝字写在画线部分的上方，并加盖出具单位印章，以明确责任；原始凭证金额填写有错误的，应当由出具单位重开，不得在原始凭证上更正；提交银行的各种结算凭证的大小写金额，也一律不准更改，如果填写错误，应在填错的凭证上加盖"作废"戳记并在新凭证上重新填写。

7. 填制要及时

各种原始凭证一定要及时填写，并按规定的程序及时送交会计机构，会计人员进行审核，并据以填制记账凭证，不得拖延，以便及时提供会计信息。

（二）自制原始凭证的填制要求

不同的自制原始凭证，填制要求也有所不同。

第一，一次凭证应在经济业务发生或完成时，由相关业务人员一次填制完成。该凭证往往只能反映一项经济业务，或者同时反映若干项同一性质的经济业务。

第二，累计原始凭证的填制，累计原始凭证在每次经济业务完成后，由相关人员在同一张凭证上重复填制完成。该凭证在一定时期内不断反复地反映同类经济业务的完成情况。

第三，汇总凭证的填制，汇总凭证应由相关人员在汇总一定时期内反映同类经济业务的原始凭证后填制完成。该凭证只能将类型相同的经济业务进行汇总，不能汇总两类或两类以上的经济业务。

（三）外来原始凭证的填制要求

外来原始凭证应在企业同外单位发生经济业务时，由外单位的相关人员填制完成。外来原始凭证一般由税务局等部门统一印制，或经税务部门批准由经营单位印制，在填制时加盖出具凭证单位公章方为有效。对于一式多联的原始凭证必须用复写纸套写或打印机套打。

四、原始凭证的审核

（一）原始凭证的审核内容

原始凭证的审核内容主要包括以下几个方面：

1. 审核原始凭证的真实性

原始凭证作为会计信息的基本信息源，其真实性对会计信息的质量具有至关重要的影响。真实性审核包括凭证日期是否真实、业务内容是否真实、数据是否真实等。对外来原始凭证，必须有填制单位公章和填制人员的签章；对自制原始凭证，必须有经办部门和经办人员的签名或盖章。

2. 审核原始凭证的合法性

原始凭证的合法性，是指原始凭证所表述的交易或者事项符合有关法律、法规的规定。不合法的原始凭证，是指原始凭证所表述的经济内容与交易或者事项是相符的，但交易或者事项本身不符合法律、法规、规章、制度的规定。对不合法的原始凭证，会计机构、会计人员有权不予受理，并向单位负责人报告，请求查明原因，追究当事人的责任。

3. 审核原始凭证的合理性

应审核原始凭证所记录的交易或者事项是否符合企业生产经营活动的需要，是否符合有关的计划和预算等。

4. 审核原始凭证的完整性

应审核原始凭证各项基本要素是否齐全，是否有漏项情况，日期是否完整，数字是否清晰，文字是否工整，有关人员签章是否齐全，凭证联次是否正确，凭证应附的附件是否齐全等。

5. 审核原始凭证的正确性

审核原始凭证各项计算及其相关部分是否正确无误。包括：阿拉伯数字分开填写，不得连写；小写金额前要标明"￥"字样，中间不能留有空位，金额要标至"分"。无角分的，要以"0"补位；金额大写部分要正确，大写金额前要加"人民币"字样，大写金额与小写金额要相符；凭证中有书写错误的，应采用正规的方法更正，不得任意涂改、刮擦、挖补等。

6. 审核原始凭证的及时性

原始凭证的及时性是保证会计信息及时性的基础。为此，要求在交易或者事项发生或完成时及时填制有关原始凭证，及时进行凭证传递。审核时应注意原始凭证的填写时间，尤其是支票、银行汇票、银行本票等时效性较强的原始凭证，更应验证其签发日期。

（二）原始凭证审核结果的处理

原始凭证的审核是一项十分重要、严肃的工作，会计人员必须熟悉国家有关法规和制度以及本单位的有关规定，确定交易或者事项是否合理、合法，从而做好原始凭证的审核工作。对于审核结果应根据不同情况处理：

第一，对于完全符合要求的原始凭证，应及时据以编制记账凭证入账。

第二，对于真实、合法、合理但内容不够完整，填写有错误的原始凭证，应退回给有关经办人员，由其负责将有关凭证补充完整、更正错误或重开后，再办理正式会计手续。

第三，对于不真实、不合理的原始凭证，会计机构和会计人员有权不予受理；对于违法的原始凭证，会计机构和会计人员应当制止和纠正并向单位负责人报告并请求处理。

五、原始凭证错误的更正

为了规范原始凭证的内容，明确相关人员的经济责任，防止利用原始凭证进行舞弊，《会计法》在第十四条第四款对原始凭证错误更正做了规定，其内容包括：

第一，原始凭证所记载的各项内容均不得涂改。随意涂改的原始凭证即为无效凭证，不能作为填制记账凭证或登记会计账簿的依据。

第二，原始凭证记载的内容有错误的，应当由开具单位重开或更正。更正工作必须由原始凭证出具单位进行，并在更正处加盖出具单位印章；重新开具原始凭证当然也应当由原始凭证开具单位进行。

第三，原始凭证金额出现错误的不得更正，只能由原始凭证开具单位重新开具。因为原始凭证上的金额，是反映交易或者事项情况的最重要数据，如果允许随意更改，容易产生舞弊，不利于保证原始凭证的质量。

第四，原始凭证开具单位应当依法开具准确无误的原始凭证，对于填制有误的原始凭证，负有更正和重新开具的法律义务，不得拒绝。

第三节 记账凭证

一、记账凭证的种类

由于各单位交易或者事项的内容和复杂程度不同，设计和选用的记账凭证就存在着差异。一般来说，记账凭证可以进行如下分类：

（一）按凭证的用途分类

1. 专用记账凭证

专用记账凭证是指分类交易或者事项的记账凭证。按其反映内容的不同，记账凭证一般可分为收款凭证、付款凭证和转账凭证。

（1）收款凭证

收款凭证是指用于记录现金和银行存款收款业务的记账凭证。它是根据有关现金和银行存款收入业务的原始凭证编制的。收款凭证又分为现金收款凭证和银行存款收款凭证两种。现金收款凭证是指根据有关现金收入业务的原始凭证编制的收款凭证。银行存款收款凭证是指根据有关银行存款收入的原始凭证编制的收款凭证。

（2）付款凭证

付款凭证是指用于记录现金和银行存款付款业务的记账凭证。它是根据有关现金和银行存款付出业务的原始凭证编制的。付款凭证又分为现金付款凭证和银行存款付款凭证两种。现金付款凭证是指根据有关现金付出业务的原始凭证编制的付款凭证。银行存款付款凭证是指根据有关银行存款付出业务的原始凭证编制的付款凭证。

收款凭证和付款凭证，既是登记现金日记账、银行存款日记账、明细分类账和总分类账等有关账簿的依据，也是出纳人员收款和付款的依据。出纳人员不能直接依据有关收款和付款业务的原始凭证来收、付款，而必须根据会计主管人员或其指定人员审核批准的收款凭证和付款凭证来收、付款。根据收、付款凭证收、付款后，要在凭证上加盖"收讫"或"付讫"的戳记，以免重收或重付。只有加盖"收讫""付讫"后的收、付款凭证，才能作为登记账簿的依据。

从上述过程可以得出，通过编制收、付款凭证，可以对现金和银行存款的收付业务进行监督，从而加强对货币资金的管理。

（3）转账凭证

转账凭证是指用于记录不涉及现金和银行存款业务的记账凭证。它是根据有关转账业务（即不涉及现金、银行存款收付的各项业务）的原始凭证编制的。转账凭证是登记转账日记账、明细分类账和总分类账等有关账簿的依据。

上述收款凭证、付款凭证和转账凭证，可以用不同颜色的纸张或用不同颜色印刷，以便于识别，提高工作效率。

2. 通用记账凭证

通用记账凭证是指用来反映所有经济业务的记账凭证，为各类经济业务所共同使用，其格式与转账凭证基本相同，在业务量少、凭证也不多的小型企业，可以使用通用记账凭证，即各类交易或者事项都采用统一格式的记账凭证，以简化记账工作，通用记账凭证的格式与转账凭证基本相同。

（二）按填制方式分类

按填制方式不同，记账凭证可分为复式记账凭证和单式记账凭证。

1. 复式记账凭证

复式记账凭证，简称"复式凭证"，是指将每一笔交易或者事项所涉及的全部会计科目及其发生额在同一张记账凭证中反映的记账凭证。复式记账凭证可以集中反映一项交易或者事项的会计科目的对应关系，便于了解有关交易或者事项的全貌，有利于检查会计分录的正确性，而且减少了凭证数量。但它不便于会计岗位上的分工记账，也不便于汇总每一会计科目的发生额。上述收款凭证、付款凭证和转账凭证都属于复式记账凭证，因此它是实际工作中应用最普遍的记账凭证。

2. 单式记账凭证

单式记账凭证，亦称"单项记账凭证"，简称"单式凭证"，是指每一张记账凭证只填列交易或者事项所涉及的一个会计科目及其金额的记账凭证，采用单式记账凭证，一项交易或者事项的会计分录涉及几个对应的账户，就分别填制几张记账凭证，填列借方账户的称为借项记账凭证，填列贷方账户的称为贷项记账凭证。为了便于识别，借项记账凭证和贷项记账凭证一般采用不同颜色的纸张。

单式记账凭证反映的内容单一，便于分工记账，便于汇总计算每一会计科目的发生额，但制证工作量大，而且反映分散，不能集中完整地反映交易或者事项的全貌，不便于查账。因此，单式记账凭证除银行系统外，采用的单位不多。下面举例说明单式记账凭证的格式和填制方法。

记账凭证既可以根据每一张原始凭证单独编制，也可以根据同类交易或者事项的若干原始凭证或直接根据汇总原始凭证填制。总之，编制记账凭证就是根据原始凭证所记录的交易或者事项的内容，确定会计分录，从而把大量的原始凭证进一步按会计科目加以归类。这就便于分类、保管和查阅原始凭证，也简化了记账工作。

如果一个单位反映同类交易或者事项的记账凭证的数量很多，为了简化登记总分类账的工作，可以将许多记账凭证汇总编制成若干汇总记账凭证或科目汇总表，再据以登记总分类账。有关汇总记账凭证和科目汇总表的格式和编制方法，参见账务处理程序的有关内容。

二、记账凭证的基本内容

在不同的记账方法下，记账凭证的格式有所不同，即使采用同一种记账方法，各单位所使用的记账凭证也有可能不同。但作为登记账簿的依据，无论采用哪种格式，都必须具备以下基本内容：

第一，记账凭证的名称。如"收款凭证""付款凭证""转账凭证"。

第二，填制记账凭证的日期。记账凭证是在哪一天编制的，就写上哪一天。记账凭证的填制日期与原始凭证应及时填制，但一般稍后于原始凭证的填制。

第三，记账凭证的编号。记账凭证要根据交易或者事项发生的先后顺序按月编号，按编号顺序记账。企业既可以按收款、付款、转账三类业务分收、付、转三类编号，也可以分为现收、现付、银收、银付、转账五类编号。

第四，交易或者事项的内容摘要。摘要应能清晰地揭示交易或者事项的内容，同时要简明扼要。

第五，交易或者事项所涉及的会计科目（包括一级科目、二级科目或明细科目）及其记账方向。

第六，交易或者事项的金额。即交易或者事项涉及的应借应贷金额。

第七，记账标记。

第八，所附原始凭证的张数。原始凭证是编制记账凭证的根据，缺少它就无从审核记账凭证正确与否。

第九，会计主管、制证、审核、记账、出纳等有关人员的签名或盖章。

三、记账凭证的编制

（一）记账凭证编制的基本要求

第一，记账凭证的各项内容必须完整。如在摘要栏应简明扼要地概括交易或者事项的内容，这对于查阅凭证、登记账簿都是十分重要的。

第二，记账凭证应连续编号。这样便于查考，一笔交易或者事项需要填制两张以上记账凭证的，可以采用分数编号法编号。例如，一项交易或者事项需要填写三张转账凭证，凭证的序号为转字第 8 号，则这三张的编号为转字第 8（1/3）号，第 8（2/3）号，第 8（3/3）号。每月最后一张记账凭证的编号旁边，可加注"全"字，以免凭证散失。

第三，记账凭证的书写应清楚、规范，相关要求与原始凭证相同。记账凭证也必须按照会计制度规定的科目及其核算内容，结合交易或者事项的性质，正确地编制会计分录，不得任意改变会计科目的名称和核算内容，以保证核算资料的一致性和可比性，便于综合汇总核算指标，也便于根据正确的科目对应关系了解有关交易或者事项的完成情况。

第四，记账凭证可以根据每一张原始凭证填制，或根据若干张同类原始凭证汇总编制，也可以根据原始凭证汇总表填制；但不得将不同内容和种类的原始凭证汇总填制在一张记账凭证上，以防止科目对应关系混淆不清。一张原始凭证所列的支出需要由几个单位共同负担的，应当将其他单位负担的部分，开给对方原始凭证分割单，进行结算。

第五，除结账和更正错误的记账凭证可以不附原始凭证外，其他记账凭证必须附有原始凭证。附有原始凭证的记账凭证上，必须注明所附原始凭证的张数，以便复核"摘要"栏中所说明的交易或者事项内容和所编制的会计分录是否正确，也便于日后查阅原始凭证。如果根据同一张原始凭证填制两张记账凭证，则应在未附原始凭证的记账凭证上注明"单据×张，附在第×号记账凭证上"，以便日后复核和查阅。

第六，填制记账凭证时若发生错误，应当重新填制。已登记入账的记账凭证在当年内发现填写错误时，可以用红字填写一张内容相同的记账凭证，在摘要栏注明"注销某月某日某号凭证"字样，同时再用蓝字重新填制一张正确的记账凭证，注明"订正某月某日某号凭证"字样。如果会计科目没有错误，只是金额错误，也可将正确数字与错误数字之间的差额另编一张调整的记账凭证，调增金额用蓝字，调减金额用红字。发现以前年度记账凭证有错误的，应当用蓝字填制一张更正的记账凭证。

第七，记账凭证填制完交易或者事项后，应加计合计数，检查借贷双方及总账科目与二级科目或明细科目的金额是否平衡。记账凭证填制完毕如有空行，应当自金额栏最后一笔金额数字下的空行处至合计数上的空行处画线注销。

（二）记账凭证的编制方法

编制记账凭证，就是根据审核无误的原始凭证资料，按照登记的要求，由会计人员在记账凭证上按规定的基本内容进行填写。

1. 收款凭证的编制

要求该凭证左上角的"借方科目"按收款的性质填写"库存现金"或"银行存款"；

日期填写的是编制本凭证的日期；右上角填写编制收款凭证的顺序号；"摘要"填写对所记录的交易或者事项的简要说明；"贷方科目"填写与收入现金或银行存款相对应的会计科目；"记账"是指该凭证已登记账簿的标记，防止交易或者事项重记或漏记；"金额"是指该项交易或者事项的发生额；该凭证右边"附件张"是指本记账凭证所附原始凭证的张数；最下边分别由有关人员签章，以明确经济责任。

2. 付款凭证的编制

付款凭证的编制方法与收款凭证基本相同，只是左上角由"借方科目"换为"贷方科目"，凭证中间的"贷方科目"换为"借方科目"。对于涉及"库存现金"和"银行存款"之间的交易或者事项，如将现金存入银行或从银行提取现金，为了避免重复记账，一般只编制付款凭证，不编收款凭证。出纳人员应根据会计人员审核无误的收款凭证和付款凭证办理收付款业务，出纳人员在办理收款或付款业务后，应在原始凭证上加盖"收讫"或"付讫"的戳记，以免重收重付。

3. 转账凭证的编制

转账凭证通常是根据有关转账业务的原始凭证填制的。转账凭证中"总账科目"和"明细科目"栏应填写应借、应贷的总账科目和明细科目，借方科目应记金额应在同一行的"借方金额"栏填列，贷方科目应记金额应在同一行的"贷方金额"栏填列，"借方金额"栏合计数与"贷方金额"栏合计数应相等。

此外，某些既涉及收款业务，又涉及转账业务的综合性业务，可分开填制不同类型的记账凭证。

4. 科目汇总表的编制

首先，根据分录凭证编制"T"形账户，将本期各会计科目的发生额一一记入有关"T"形账户；然后计算各个账户的本期借方发生额与贷方发生额合计数；最后将此发生额合计数填入科目汇总表中与有关科目相对应的"本期发生额"栏，并将所有会计科目本期借方发生额与贷方发生额进行合计，借贷相等后，一般说明无误，可用以登记总账。

为了简化记账凭证的填制工作，对于转账业务，也可以将当天发生的属于同一类业务的若干张原始凭证加以整理，编制一张记账凭证；或者将同类原始凭证加以整理，编制原始凭证汇总表，根据原始凭证汇总表编制记账凭证。原始凭证汇总表还可以采用定期汇总、按月累计的方法编制，以进一步简化核算手续。例如，可以将一个月之内的"发票"每十天汇总一次，月末加计总数后，据以编制一张转账凭证；或者用自制的原始凭证或汇总原始凭证代替记账凭证。但应在凭证格式中预先印有应借、应贷科目专栏，或在凭证空白处加盖能够填列应借、应贷科目的专门戳记，以便会计人员确定会计分录。这种同时具备原始凭证和记账凭证的基本内容、兼有原始凭证和记账凭证作用的会计凭证，称为联合凭证。如印有应借、应贷科目专栏的发料凭证汇总表就是一种联合凭证。

四、记账凭证的审核、填制

记账凭证是登记账簿的依据，收、付款凭证还是出纳人员登记收、付款项的依据。因此，为了保证账簿记录的正确性，监督款项的收付，提高会计信息的质量，必须建立必要的专人或相互审核制度，在登记账簿之前应由有关人员对记账凭证进行审核。记账凭证审核的主要内容包括：

第一，审核记账凭证内容是否真实。审核记账凭证是否以原始凭证为依据，摘要栏中的内容填写是否清楚，是否真实、正确地描述了所附原始凭证记录的交易或者事项，记账凭证所记录的内容是否与原始凭证的内容一致。

第二，审核记账凭证上项目的填写是否齐全。审核记账凭证上所有的项目是否填写齐全，填制日期是否正确，有关人员是否均已签名或盖章等。

第三，审核记账凭证会计科目的使用是否正确。审核记账凭证上会计科目的借方、贷方科目及明细科目的名称填写使用是否正确，账户对应关系是否清晰，所使用的会计科目是否符合国家统一的会计制度的规定等。

第四，审核记账凭证上金额的填写是否正确。审核记账凭证填写的金额是否与所附原始凭证相符、记账凭证的金额大小写数字是否书写正确、借贷方合计金额是否相等。

第五，审核记账凭证上的书写是否正确。审核记账凭证的所有内容书写是否正确明了，数字和文字的填写是否清晰规范，是否按规定进行更正等。

第六，审核记账凭证办理手续是否完备。审核各级负责人和有关经办人的签章是否齐备，其会计责任是否明确，有无手续不清、责任不明的现象等。

在审核记账凭证的过程中，发现错误应及时查明原因，按照有关规定进行处理。

五、记账凭证的更正

如果在填制记账凭证时发生错误，应当重新填制。

已登记入账的记账凭证，在当年内发现填写错误时，可以用红字填写一张与原内容相同的记账凭证，在摘要栏注明："注销某月某日某号凭证"字样，同时再用蓝字重新写一张正确的记账凭证，注明："订正某月某日某号凭证"字样。如果会计科目没有错误，只是金额错误，也可以将正确数字与错误数字之间的差额，另编一张调整的记账凭证，调增金额用蓝字，调减金额用红字。发现以前年度记账凭证有错误的，应当用蓝字填制一张更正的记账凭证。

第四节　会计凭证的传递和保管

一、会计凭证的传递

会计凭证的传递是指从会计凭证的取得或填制时起至归档保管过程中，在单位内部有关部门和人员之间的传送程序。会计凭证的传递，要求能够满足内部控制制度的要求，使传递程序合理有效，同时尽量节约传递时间，减少传递的工作量。各单位应根据具体情况确定每一种会计凭证的传递程序和方法。

会计凭证的传递主要包括两个方面的内容，即凭证传递的程序和在各个环节停留及传递的时间。由于企业生产组织特点不同、交易或者事项的内容不同和管理要求不同，会计凭证传递也有所不同。为此，企业应根据具体情况制定每一种凭证的传递程序和方法。

会计凭证的传递程序应根据会计凭证所反映的交易或者事项的特点，结合本单位的机构组织和人员分工情况，以及各职能部门和人员利用凭证进行经济管理的需要来具体确定。要注意防止经过不必要的环节，造成公文旅行。

会计凭证的传递时间应根据有关部门和人员办理交易或者事项的各项必要手续以及业务管理的需要来确定。传递时间的确定要合理，避免造成凭证的积压。例如，对于商品购入业务，应明确规定，商品运达后需要多少时间进行验收，由谁填制入库单，一式几联，各联次的用途是什么，在何时将入库单和发票交采购部门及会计部门，会计部门在收到入库单和发票后，由谁审核及填制记账凭证，由谁据以登记账簿，由谁整理保管等。

会计凭证的传递是否科学、严密、有效，对于能否及时利用会计凭证所反映的各项交易或者事项的情况进行会计核算，实行会计监督，加强企业内部管理，提高会计信息的质量具有十分重要的意义。

第一，科学地组织会计凭证的传递，能够把反映在会计凭证上的有关交易或者事项完成情况的信息及时地传递到本单位内各个部门、各个环节，最后集中到会计部门来，这就能及时、正确地核算和监督各项交易或者事项的完成情况，提高工作效率。

第二，科学地组织会计凭证的传递，对于合理组织经济活动、加强岗位责任制、有效地进行会计监督，具有重要意义。任何单位在经济活动中所发生的各项交易或者事项，以及本单位与各方面的经济联系，都要借助于会计凭证加以记录和证明。因此，正确组织会计凭证的传递，就能把本单位各有关部门和人员的活动紧密联系起来，协调各方面的经济关系，搞好分工协作，从而使正常的经济活动得以实现，而且会计凭证的传递实际上还起着相互牵制、相互监督的作用，可以督促各有关部门和人员及时、正确地完成各项交易或者事项，并按规定办理好各种凭证手续，进而强化会计监督，提高会计信息质量。

二、会计凭证的保管

（一）会计凭证的保管方法

对会计凭证的保管，既要做到完整无缺，也要便于翻阅查找。其主要要求有：

第一，会计凭证应定期装订成册，防止散失，会计部门在依据会计凭证记账以后，应定期（每天、每旬或每月）对各种会计凭证进行分类整理，将各种记账凭证按照编号顺序，连同所附的原始凭证一起加具封面、封底，装订成册，并在装订线上加贴封签，在封签处加盖会计主管的骑缝图章。当从外单位取得的原始凭证遗失时，应取得原签发单位盖有公章的证明，并注明号码、金额、内容等，由经办单位负责人批准后，才能作为原始凭证。若确实无法取得证明的，如车票丢失，则应由当事人写明详细情况，由经办单位会计机构负责人、会计主管人员和单位负责人批准后，代作原始凭证。

第二，会计凭证封面应注明单位、凭证种类、凭证张数、起止号数、年度、月份、会计主管人员、装订人员等有关事项，会计主管人员和保管人员应在封面上签章。

第三，会计凭证应加贴封条，防止抽换凭证。原始凭证不得外借，其他单位如有特殊原因确实需要使用时，经本单位会计机构负责人、会计主管人员批准，可以复制。向外单位提供的原始凭证复制件，应在专设的登记簿上登记，并由提供人员和收取人员共同签名、盖章。

第四，原始凭证较多时可单独装订，但应在凭证封面注明所属记账凭证的日期、编号和种类，同时在所属的记账凭证上应注明，"附件另订"及原始凭证的名称和编号，以便查阅。对各种重要的原始凭证，如押金收据、提货单等，以及各种需要随时查阅和退回的单据，应单独保管，并在有关的记账凭证和原始凭证上分别注明日期和编号。

第五，每年装订成册的会计凭证，在年度终了时可暂由单位会计部门指定专人负责保管一年，期满后原则上应移交档案部门保管。

第六，严格遵守会计凭证的保管期限要求，期满前不得任意销毁，擅自销毁会计档案且情节严重的，将追究有关当事人的责任。

（二）会计凭证的保管期限

根据财政部、国家档案局 2015 年 12 月 11 日发布的《会计档案管理办法》的规定，会计档案保管期限分为永久和定期两类，定期保管期限一般分为 30 年和 10 年。年度财务会计报告、会计档案保管清册为永久保管类，会计凭证、会计账簿、会计档案移交清册保管期限为 30 年，月度、季度、半年度财务会计报告和银行存款余额调节表、银行对账单、纳税申报表保管期限为 10 年。

（三）会计凭证的销毁

会计凭证保管期满、需要销毁时，必须开列清单，由本单位档案部门提出销毁意见，经本单位领导审核，报经上级主管部门批准后，会同会计部门共同鉴定、严格审查，由档案部门和会计部门共同派员监销，电子会计档案的销毁还应当符合国家有关电子档案的规定，并由单位档案管理机构、会计管理机构和信息系统管理机构共同派员监销。保管期满但未结清的债权债务会计凭证和涉及其他未了事项的会计凭证不得销毁，纸质会计档案应当单独抽出立卷，电子会计档案单独转存，保管到未了事项完结时为止。单独抽出立卷或转存的会计档案，应当在会计档案鉴定意见书、会计档案销毁清册和会计档案保管清册中列明。

第三章 会计账簿

第一节 会计账簿概述

一、会计账簿的概念和作用

会计账簿是指由一定格式的账页组成的，以经过审核的会计凭证为依据，全面、系统、连续地记录各项经济业务的簿籍。设置和登记账簿，既是填制和审核会计凭证的延伸，也是编制财务报表的基础，是连接会计凭证和财务报表的中间环节。

从形式上看，账簿是由互相联系、具有专门格式的若干账页组成的；从内容上看，它以经过审核的会计凭证为依据，通过专门的方法，对交易或者事项进行分类和序时记录，反映各会计要素增减的变动情况，反映会计主体经济活动的全貌，并为会计报表的编制和会计监督提供依据。因此，在会计核算工作中，它发挥了类似计算机硬盘的作用，是记录、存储会计信息的载体。

二、会计账簿的基本内容

从外形上看，会计账簿主要由以下几个部分组成：

（一）封面

会计账簿的封面主要标明账簿的名称，以及使用单位名称、使用年度等。一般单位均设有总账、现金日记账、银行存款日记账、三栏式明细分类账、多栏式明细分类账、财产物资明细账等。

（二）扉页

会计账簿的扉页主要列明账簿启用和经管人员一览表、科目索引表。账簿启用和经管人员一览表又称账簿启用及交接表，在账簿启用时登记，用于明确责任，科目索引表又称目录表，在会计年度结束，账簿登记完毕、账簿装订之后登记每个账户的名称和页次，便于查账。

（三）账页

会计账簿内含的账页是账簿用来记录交易或者事项的载体，账页的格式因所属账簿的不同类别及记录交易或者事项的不同而有所不同，但每张账页的基本内容应包括以下几个方面：

1. 账户的名称——总分类账户或明细账户的名称，即会计科目

2. 登记账户的日期栏

3. 凭证种类和号数栏

4. 摘要栏——简要说明所记录交易或者事项的内容

5. 金额栏——包括借方、贷方发生额及余额栏

6. 总页次、分户页次——总页次，即按整本账簿各账页顺序编的页次；分户页次，即按每个账户所含账页顺序编的页次

在实际工作中，由于各种会计账簿所记录的经济业务不同，账簿的格式也多种多样，但各种账簿都应具备以下基本内容：①封面；②扉页；③账页。

三、会计账簿与账户的关系

会计账簿与账户的关系是形式和内容的关系。账户存在于账簿之中，账簿中的每一账页就是账户的存在形式和载体，没有账簿，账户就无法存在；账簿序时、分类地记载交易或者事项，是在个别账户中完成的，因此，账簿只是一个外在形式，账户才是它的真实内容。

会计科目、账户与账簿的关系体现在：会计科目是账户的名称，账户是会计科目的具体运用（即账户是根据会计科目开设的）；账户存在于账簿之中，账簿中的每一账页是账户的存在形式和载体，所有账页组成账簿。因此，账簿与账户既是形式和内容的关系，又是整体与部分的关系。

四、会计账簿的分类

为了便于对账簿的认识与管理，可以按照不同标准把账簿进行分类。

(一) 按用途分类

按照用途的不同，可以把会计账簿分为序时账簿、分类账簿、备查账簿三类。

1. 序时账簿

序时账簿又称日记账，是按照交易或者事项发生或完成时间的先后顺序，逐日逐笔进行登记的账簿。序时账簿按其结构和内容的不同，可以分为普通日记账与特种日记账。目前，在我国会计核算中最常用的序时账簿主要是现金日记账和银行存款日记账。

普通日记账又称分录簿，是指用来逐日逐笔记录全部交易或者事项发生情况的日记账，即根据会计主体日常发生的交易或者事项所取得的原始凭证，不做记账凭证，直接按照时间顺序逐日逐笔将交易或者事项直接转化为会计分录登记在账上，然后再转记列入分类账中。这种日记账起了记账凭证的作用，作为登记分类账簿的依据。采用普通日记账，可以逐日反映全部交易或者事项的发生与完成情况，但不便于分工记账，且逐笔记账工作量大。此外，普通日记账不能分类反映各类交易或者事项的发生或完成情况。因此，一般在手工簿籍发展的早期，会计主体只设一本普通日记账来记录所有的交易或者事项。随着经济的发展、业务的拓展和分工记账的需要，普通日记账的功能逐渐缩小。在我国，大多数单位一般不设普通日记账，只设特种日记账。

特种日记账是指用来逐日逐笔记录某一类型交易或者事项发生情况的日记账。比如，用于记录现金收付业务及其结存情况的现金日记账；用于记录银行存款收付业务及其结存情况的银行存款日记账；用于记录购货或销货业务变动及其累积情况的购货日记账或销货日记账，以及用于专门记录转账业务的转账日记账等。特种日记账的记账对象是特定交易或者事项，设定特种日记账的目的是为了反映特定交易或者事项的发生情况。在我国，大多数单位一般只设现金日记账和银行存款日记账，其他日记账视单位业务需要而设定。

序时账簿的作用在于能够按照时间顺序，提供连续系统的信息，反映会计主体所有资金运动的全貌，便于会计资料的序时查询及日常会计监督。

2. 分类账簿

分类账簿是按照分类账户设置登记的账簿。账簿按其反映经济业务的详略程度，可分为总分类账簿和明细分类账簿。

总分类账簿，又称总账，是根据总分类账户开设的，能够全面地反映企业的经济活动。总分类账户对应一级会计科目，如现金、银行存款、应收账款、短期借款、实收资本、管理费用等。总分类账一般只登记金额，它可以直接根据记账凭证逐笔登记，也可以将凭证按照一定的方法定期汇总记账凭证后进行登记。

总分类账的作用在于进行总括分类核算，可以全面反映会计主体的经济活动情况。由于总分类账是由各个总分类账户组成的，总分类账的记录成为编制会计报表的主要依据，所以，任何会计主体都必须设置总分类账簿。

明细分类账簿，又称明细账，是根据明细分类账户开设的，用来提供明细的核算资料。总账对所属的明细账起统驭作用，明细账对总账进行补充和说明。

明细分类账的主要作用在于分类记录某类交易或者事项增减变化的详细指标，分门别类地反映和监督各项资产、负债、所有者权益、收入、费用和利润的增减变动情况及其结果，提供明细核算资料。由于明细分类账是由各个明细分类账户组成的，它是对总分类账的补充和说明，各明细分类账的金额之和应与该总分类账的金额相等。明细分类账所提供的有关经济活动的详细核算资料，不仅有利于加强财产管理，而且可以保证账户核算资料的准确性和各账户之间的勾稽关系，为编制会计报表提供详细资料，所以，各会计主体要按照其生产特点及经营决策的需要设置明细分类账簿。

总账与明细账的关系体现在：总账提供总括的会计信息，反映会计主体经济活动的全貌，对所属明细账起统驭作用；明细账提供更为详细的会计信息，反映会计主体资金运动的各种状态、形式及其构成的明细动向，是对总账的补充和说明。各明细分类账的金额之和应与该总分类账的金额相等，即总账中的每个一级账户累计借贷方发生额及期初、期末余额与明细账中该一级账户所属明细分类账户累计借贷方发生额及期初、期末余额的合计数相等。

小型经济单位，若业务简单，记录的交易或者事项发生数不多，或所使用的总分类账户不多，可以简化核算手续，将序时账簿与分类账簿结合起来使用，设置联合账簿。联合账簿通过将序时账簿和分类账簿结合起来，在一本账簿中登记，兼具序时账和分类账的作用，可以提供更加详细的核算资料。在会计实务中，最常见的是序时账簿与总分类账的结合，如日记总账，在总账中按照账户分类逐日逐笔登记交易或者事项，既起总账的作用，又有日记账的功能。

3. 备查账簿

备查账簿亦称"辅助性账簿"，简称备查簿（或备查账、辅助账），是对某些在序时账簿和分类账簿等主要账簿中都不予登记或登记不够详细的交易或者事项进行补充登记时使用的账簿。备查账簿由会计主体根据经营管理的需要自行设定。

（二）按账页格式分类

1. 两栏式账簿

两栏式账簿是指只有借方和贷方两个基本金额栏目的账簿。普通日记账和转账日记账一般采用两栏式账簿。因为普通日记账和转账日记账只是对记账凭证的一种序时记录，没有按照账户分类，不需要结出余额，两栏式账簿没有余额栏。这两种日记账的格式区别在于，普通日记账没有"记账凭证号"栏，而多个"记账"栏，因为它不做记账凭证而是根据原始凭证直接登记，并作为登记总分类账的依据；转账日记账多个"转账凭证号"栏，因为它要根据有关转账凭证登记。

2. 三栏式账簿

三栏式账簿是设有借方、贷方和余额三个基本栏目的账簿。三栏式账簿适用于登记只需要进行金额核算而不需要数量核算的账户。各种特种日记账、总分类账以及资本、债权、债务明细账等都可采用三栏式账簿。具体登记的账户如实收资本、资本公积、盈余公积、应收账款、应付账款、其他应收款、其他应付款、应交税费（应交增值税明细账户除外）等明细账均可以采用三栏式账簿。

三栏式账簿又分为设对方科目和不设对方科目两种，区别是在摘要栏和借方科目栏之间是否有一栏"对方科目"。有"对方科目"栏的，称为设对方科目的三栏式账簿；不设"对方科目"栏的，称为不设对方科目的三栏式账簿。

设"对方科目"栏可以一目了然地看出该笔交易或者事项相对应的会计科目，可了解该笔会计分录的全貌。缺点是登记较为烦琐，若一借多贷或一贷多借的会计分录则不好登记。

3. 多栏式账簿

多栏式账簿是在账簿的借贷余三个基本栏目中的借方或贷方按需要分设若干专栏的账簿。这种账簿是根据交易或者事项的特点和管理的需要，把同一个一级账户或二级账户的明细账户，集中在一张账页上设专栏进行登记，反映各有关明细账户的核算资料。这种格式的账户一般适用于明细项目多、借贷方向单一的账户，如收入、成本、费用、利润等明细账一般均采用这种格式的账簿。至于在借方设专栏，还是在贷方设专栏，或者借贷方同时设专栏，是根据账户的核算内容及管理需要而定的。如，主营业务收入明细账，收入的增加记在贷方，因此要在贷方栏目分设专栏反映二级科目；管理费用、生产成本、制造费用等费用类明细账，费用增加记在借方，因此要在借方栏目分设专栏反映二级科目；而应交税费——应交增值税明细账，既要反映来源（贷方），又要反映使用去向（借方），因而，借方和贷方均要按需要分设专栏。

多栏式账簿的优点是将一级账户或二级账户的明细账户均集中在一张账页上登记，可以清晰地反映该账户所属的明细账户变动情况。缺点是栏目多，登账时容易记错栏。

4. 数量金额式账簿

数量金额式账簿的借方、贷方和余额三个栏目内，都分设数量、单价和金额三小栏，借以反映财产物资的实物数量和价值量。这种账户适用于既要进行金额核算，又要进行实物数量核算的各种财产物资账户，如原材料、库存商品等明细账一般都采用数量金额式账簿。

数量金额式账簿的优点是可以清晰反映财产物资账户的收发存的数量、金额与单价，便于账实核对，方便管理。缺点是栏目多，登记烦琐。

5. 横线登记式账簿

横线登记式账簿，又称平行式账簿，是指将前后密切相关的经济业务登记在同一行上，以便检查每笔业务的发生和完成情况的账簿。材料采购、在途物资、应收票据和一次性备用金等明细账一般采用横线登记式账簿。

（三）按外形特征分类

1. 订本账

订本式账簿，简称订本账，是在启用前将编有顺序页码的一定数量的账页装订成册的账簿，这种账簿一般适用于总分类账、现金日记账和银行存款日记账。

订本账的优点是能够避免账页散失和防止非法抽换。缺点是账页数量及位置固定，不便于分工记账，不能根据记账需要增减账页，也难以准确为各账户预留账页，多则浪费，少则不够，影响账户的连续登记。

2. 活页账

活页式账簿，简称活页账，是将一定数量的账页置于活页夹内，可根据记账内容的变化而随时增加或减少部分账页的账簿。当账簿登记完毕之后（通常是一个会计年度结束之后），才将账页予以装订，加具封面，并给各账页连续编号。各种明细分类账一般采用活页账的形式，

活页账的优点是可以随时根据需要增减空白账页或重新排列账页，便于分工记账与归类汇总。缺点是若管理不善，账页容易散失，或被非法抽换。

3. 卡片账

卡片式账簿，简称卡片账，是将一定数量的卡片式账页存放于专设的卡片箱中，可以根据需要随时增添账页的账簿。可以说，卡片账是一种装在卡片箱内的活页账。在我国，单位一般只对固定资产的核算采用卡片账形式。因为固定资产在长期使用中实物形态不变，可能经常转移使用部门，其价值以折旧形式转移，设置卡片账可以登记累计折旧情况，也便于卡片账随同实物转移。为了便于管理，有的单位也设置低值易耗品登记卡。

卡片账的优点是使用灵活，可以随时取放，随时增减空白账卡，便于会计人员分工记账，也可以跨年登记使用。缺点是容易散失或被非法抽换。

为了妥善管理活页账与卡片账，防止散失与被非法抽换，在登记使用时，可让记账人

员在活页账页或卡片上编号、盖章，使用完毕不再登记时应及时装订成册或封扎保管。

第二节 会计账簿的启用与登记要求

一、会计账簿的启用

新创立的单位，开始进行会计工作时，就要根据《会计法》和国家统一会计制度的规定，以及企业具体行业要求和将来可能发生的交易或者事项会计核算的需要，确定应该设置哪些会计科目，使用哪些会计账簿，账簿的格式、内容及登记方法是什么，这个过程就称为建账。简而言之，第一次使用会计账簿的过程称为建账。

为了保证账簿记录的合法性、完整性，明确会计责任，每个单位第一次使用会计账簿及以后每个会计年度初启用新会计账簿时，应当在账簿封面上写明单位名称和账簿名称，并在账簿扉页上附会计账簿启用及交接表。

在填写会计账簿启用及交接表时应按要求填写单位名称、账簿名称、账簿编号、账簿页数、启用日期、单位主管、会计主管、记账人员、复核人员的姓名，加盖公章和相关人员名章。

中途更换记账人员或者会计机构负责人、会计主管人员调动工作时，应填写清楚原经管人员的职别、姓名、交出日期并盖章，并填写新经管人员职别、姓名、接收日期并盖章，同时需由会计主管人员监交并签章。

账簿页数栏的填写，订本账与活页账不一样，启用订本式账簿应当从第一页到最后一页顺序编定页数，不得跳页、缺号，页数总数填在账簿页数栏，使用活页式账页应当按账户顺序编号，在年度结束结完账后，装订成册，装订后再按实际使用的账页顺序编定页码，页数总数填在账簿页数栏。另外，账簿启用时应贴印花税票，一般贴在启用表右上方。

在会计年度结束，账簿登记完毕、装订、编定页码后，应在目录表上汇总登记每个账户的名称、编码、页次，以便于概括账簿登记内容，便于按照会计科目查账。

二、会计账簿的登记要求

1. 书写完整

登记账簿之前，应把记账所需要的账户的名称填写在各账页上，一张账页只能开设一个账户。一级账户名称写在账页上端正中横线上，二级以上明细账户名称写在左上角；登记实物资产的数量金额明细账，除填写账户名称外，一般还要填写品名、规格、型号、保管地点、仓库、最高储备量、最低储备量等内容。

登记会计账簿时，应当将会计凭证日期、编号、业务内容摘要、金额和其他有关资料逐项记入账内，做到数字准确、摘要清楚、登记及时、字迹工整。

2. 登账记号

登记完毕后，要在记账凭证上签名或者盖章，并在记账凭证的"过账"栏内注明已经登账的符号"√"，表示已经记账，以避免重记或漏记。

3. 书写格式

账簿中书写的文字和数字上面要留有适当空格，不要写满格，一般应占格距的1/2，数字要登记在金额线内，没有角分的整数，小数点后面应写"00"，不可省略，也可用符号"—"代替，有角无分的，分位应写"0"，不可用"—"代替。

4. 用笔规定

为了使账簿记录清晰整洁，便于长期保存，防止篡改，登记账簿要用蓝黑墨水或者碳素墨水书写，不得使用圆珠笔（银行的复写账簿除外）或者铅笔书写。

5. 红笔规定

除结账、改错、冲账等按照国家统一的会计制度规定用红笔登账外，不得用红色墨水登记账簿，在会计中，红字表示负数。因此，在账簿记录中，使用红色墨水的，仅限于下列情况：

（1）按照红字冲账的记账凭证，在账簿上冲销错误记录；

（2）在不设借贷等栏的多栏式账页中，登记减少数；

（3）在三栏式账户的余额栏前，如未印明余额方向的，在余额栏内登记负数余额；

（4）结账画线；

（5）画线更正错误；

（6）根据国家统一的会计制度规定可以用红字登记的其他会计记录。

6. 顺序登记

记账时，各种账簿应按页次顺序逐页逐行连续登记，不得跳行、隔页，应将记账凭证的编号记入账簿内，同时应在记账凭证上注明过账记号。如果无意中发生跳行、隔页现象，应当将空行、空页处用红色墨水画线注销，或者注明"此行空白""此页空白"字样，并由记账人员签名或者盖章。

7. 结余规定

凡需要结出余额的账户，结出余额后，应当在"借或贷"等栏内写明"借"或者"贷"等字样。没有余额的账户，应在"借或贷"栏内写"平"字，并在"余额"栏用

"—0—"表示。

8. 过次承前

每一账页登记完毕结转下页时，应当结出本页合计数及余额，写在本页最后一行和下页第一行有关栏内，并在摘要栏内注明"过次页"和"承前页"字样；也可以将本页合计数及金额只写在下页第一行有关栏内，并在摘要栏内注明"承前页"字样。

对需要结计本月发生额的账户，结计"过次页"的本页合计数应当为自本月初起至本页末止的发生额合计数；对需要结计本年累计发生额的账户，结计"过次页"的本页合计数应当为自年初起至本页末止的累计数；对既不需要结计本月发生额，也不需要结计本年累计发生额的账户，可以只将每页末的余额结转次页。

9. 错账更正

账簿记录发生错误时，不可刮擦、挖补、涂抹、涂改更正或用褪色药水更改字迹，必须按照规定，视具体情况，采用画线更正法、红字更正法或补充登记法等适当的方法予以更正（详见第四节对账、错账更正与结账）。

第三节　会计账簿的格式和登记方法

一、日记账的格式和登记方法

（一）库存现金日记账的格式与登记方法

库存现金日记账是用来核算和监督库存现金日常收、付和结存情况的序时账簿。

1. 三栏式库存现金日记账

三栏式库存现金日记账是用来登记库存现金的增减变动及其结果的日记账。设借方、贷方和余额三个金额栏目，一般将其分别称为收入、支出和结余三个基本栏目。

三栏式库存现金日记账是由出纳人员根据库存现金收款凭证、库存现金付款凭证以及银行存款的付款凭证，按照库存现金收、付款业务和银行存款付款业务发生时间的先后顺序逐日逐笔登记。

为了保证会计账簿记录的合法性和资料的完整性，明确记账责任，会计账簿记录应当由专人负责登记。现金日记账由出纳人员根据审核无误的同现金收付有关的记账凭证，即收款凭证与付款凭证，按时间顺序逐日逐笔进行登记，每天结出余额，做到日清月结。

三栏式现金日记账的登记方法为：

第一，日期栏，登记现金实际收付的日期。

第二，凭证号数栏，登记现金收付款凭证的种类及编号。如现金收款凭证种类即为"现金收款"，简称"现收"，编号即该凭证的号码。现金收付款凭证与银行收付款凭证可分别编号，记为现收×号，现付×号，银收×号，银付×号。为简化起见，也可把现金与银行存款收款凭证合并编号，现金与银行存款付款凭证合并编号，分别编号为收×号，付×号。另外，如果一张凭证中同时出现现金与银行存款科目，如从银行提取现金或现金存入银行，则编制付款凭证。凭证号数栏登记银付×号或现付×号。

第三，摘要栏，登记交易或者事项的简要说明，与记账凭证的摘要栏一致。

第四，对方科目栏，登记现金收入的来源科目或付出的用途科目。如报销差旅费，填制现金付款凭证，"借：管理费用，贷：库存现金"。现金付出的用途科目即为"管理费用"，则日记账中对方科目栏填列"管理费用"。

第五，收入、付出栏，登记现金实际收付金额。

第六，结余栏，登记现金的实际结余金额。即根据"上日余额+本日收入−本日支出=本日余额"的公式，逐日结出现金余额填列。

2. 多栏式库存现金日记账

多栏式库存现金日记账是在三栏式库存现金日记账基础上发展起来的。这种日记账的借方（收入）和贷方（支出）金额栏都按对方科目设专栏，也就是按收入的来源和支出的用途设专栏。这种格式在月末结账时，可以结出各收入来源专栏和支出用途专栏的合计数，便于对现金收支的合理性、合法性进行审核分析，便于检查财务收支计划的执行情况，其全月发生额还可以作为登记总账的依据。

借、贷方不分设的多栏式现金日记账的登记方法与三栏式日记账登记方法基本相同，只是登记多栏式日记账时，应按现金收入、付出的对应账户分栏登记，每日终了，分栏加计本日发生额，结出余额，到月末结账时，应分栏加计本月发生额，结计月末余额。

借、贷方分设的多栏式现金日记账的日期栏、凭证号数栏、摘要栏等基本栏目的登记方法与三栏式现金日记账相同，所不同的是现金收入、支出业务应分别登记在现金收入、支出账页上。

多栏式现金日记账的登记方法是：

第一，根据有关现金收入业务的记账凭证登记现金收入日记账，根据有关现金支出业务的记账凭证登记现金支出日记账。

第二，每日营业终了，根据现金支出日记账结计的支出合计数，一笔转入现金收入日记账的"支出合计"栏中，并结出当日余额。

第三，到月末结账时，现金收入日记账、支出日记账各分栏应加计本月发生额，现金收入日记账应结计月末余额。

采用多栏式日记账格式，可以反映全月现金收入的具体来源、现金付出的详细去向，为分析经济活动和财务收支情况提供更详细的资料。不管采用三栏式或多栏式日记账格式，每日终了，都应结出现金余额，并与库存现金实存数核对，以检查每日现金收付是否有误，即通常所说的"日清"，如果账款不符，应立即查明原因。每月终了，应分别计算出现金收入和付出的合计数，根据"上月余额+本月收入−本月支出＝本月余额"的公式，计算出当月的结余数，即所谓的"月结当月结余数应与当月最后一天结余数核对"。若相符，说明本月合计无误；若不符，说明本月合计有误或者某日结余有误，应即刻查明原因并更正。

（二）银行存款日记账的格式和登记方法

银行存款日记账是用来核算和监督银行存款每日的收入、支出和结余情况的账簿，银行存款日记账应逐日逐笔登记各银行存款账户每天的收入、支出和结存情况。通常由出纳人员每日根据审核无误的银行存款收付凭证逐日逐笔登记，并结出余额。月末，由会计人员将其与银行存款对账单进行核对，编制银行存款余额调节表，未达账项应查明原因，及时调整。银行存款日记账日常一般由出纳人员保管。

银行存款日记账应按照所开设的银行账户分别设置账簿登记。

1. 银行存款日记账的格式

银行存款日记账用来逐日逐笔登记各银行存款账户每天的收入、支出和结存情况，其格式与现金日记账一样，有三栏式和多栏式两种。与现金日记账不同的是，银行存款日记账应按企业在银行开立的账户和币种分别设置，每个银行账户设置一本日记账，其账页格式与现金日记账基本一样，三栏式银行存款日记账格式可参阅三栏式现金日记账格式，有的三栏式银行存款日记账多设一栏结算凭证种类与号码；银行存款日记账多栏式格式可参阅多栏式现金日记账格式，银行存款收入日记账、银行存款支出日记账格式可参阅现金收入日记账、现金支出日记账格式，这里不再赘述。

2. 银行存款日记账的登记方法

由于每个银行账户都设置一本日记账，在登记银行存款日记账时应注意分清是哪个银行账户的业务内容，即要看清银行存款账户的明细科目，对号入座不要搞混。结算凭证种类与号码栏的银行存款日记账要根据支票存根等原始凭证登记。对于现金存入银行的收入数，应根据现金付款凭证登记，不要遗漏，其他登记方法均与现金日记账相同，可参阅上述现金日记账的登记方法与登记实例。

综上所述，现金日记账与银行存款日记账登记要求如下：

第一，根据审核无误的会计凭证登记，即根据现金收付款凭证和银行收付款凭证（参考有关原始凭证）逐日逐笔序时登记。

第二，账簿所记载的内容必须与会计凭证相一致。即每笔业务都要根据记账凭证的日期、编号、摘要、金额和对应科目登记。

第三，当日逐笔序时登记并结出余额。为了及时掌握现金、银行存款收付和结余情况，现金、银行存款日记账必须当日逐笔序时登记并结计本日结存数，且不得出现贷方余额（红字余额）。

第四，必须连续登记。即登记应连续，不得跳行、隔页，不得随便更换账簿和撕去账页。如不慎发生跳行、隔页时，应在空行或空页中间画线加以注销，或注明"此行空白"或"此页空白"字样，并由记账人员盖章，以示负责。

二、总分类账的格式和登记方法

（一）总分类账的格式

总分类账的格式有三栏式、多栏式两种。最常用的格式为三栏式，设置借方、贷方和余额三个基本金额栏目。企业可依据账务处理程序的需要选择总账格式。

多栏式总账一般是将一个企业使用的全部总账账户合设在一张账页上，按照会计科目，分设专栏。如果企业总账账户较多，则会造成账页过长，不便保管和记账。因此，除交易或者事项较为单一、使用会计科目较少的单位，一般单位很少采用多栏式总账。

（二）总分类账的登记方法

总分类账的记账依据和登记方法取决于企业采用的账务处理程序，它既可以根据记账凭证逐笔登记，也可以根据经过汇总的汇总记账凭证或科目汇总表登记。不管采用什么形式，月终都要在全部交易或者事项登记完了之后，结出各账户的本期发生额和期末余额。总账可以定期登记，但至少每月登记一次。登记总账时应注意，总账科目名称应与国家统一会计制度规定的会计科目名称一致。

1. 根据记账凭证逐笔登记总账

会计主体根据发生的交易或者事项取得原始凭证后，根据原始凭证或原始凭证汇总表作记账凭证，总账直接根据记账凭证逐笔登记。

2. 根据汇总记账凭证登记总账

根据汇总记账凭证登记总账，是指定期根据各种记账凭证，按照账户的对应关系进行汇总，分别编制汇总记账凭证，根据汇总收款凭证、汇总付款凭证及汇总转账凭证登记总分类账。通常每月末汇总收款凭证按照库存现金、银行存款的借方科目定期汇总，汇总付款凭证按库存现金银行存款的贷方科目定期汇总，汇总转账凭证按照转账凭证的贷方科目定期汇总，一般每月编制一张（或定期编制）各科目汇总记账凭证，月末结出各汇总凭证的合计数，按照每一张汇总凭证的借贷方科目及金额登记总账。

3. 根据科目汇总表登记总账

科目汇总表登记总账，是指在作记账凭证之后，定期编制科目汇总表，以科目汇总表为依据登记总账。可先根据会计分录编制 T 型账户，汇总各科目的本期发生额，合计数填入科目汇总表的借贷方发生额，编制一张科目汇总表，登记一次总账，登记日期与科目汇总表汇总日期一致。

采用订本式账簿的总账，由于账簿页次固定，不能随时增添账页，也不能任意抽取账页，因而在启用时应根据各科目发生业务的多少适当估计预留页数。

三、明细分类账的格式和登记方法

（一）明细分类账的格式

1. 三栏式明细分类账

三栏式明细分类账是设有借方、贷方和余额三个栏目，用以分类核算各项交易或者事项，提供详细核算资料的账簿，其格式与三栏式总账格式相同，同样可以分为一般三栏式与设对方科目三栏式，三栏式明细分类账适用于只进行金额核算的账户，如债权债务结算账户及资本账户等。现金、银行存款等货币资金账户因已在现金日记账、银行存款日记账（也是明细分类账的形式）登记，就不必再登记现金、银行存款明细账。

2. 多栏式明细分类账

多栏式明细分类账是将属于同一个总账科目的各个明细科目合并在一张账页上进行登记，也就是在这种格式账页的借方或贷方金额栏内按照明细项目分设若干专栏。这种格式适用于成本费用类或收入类科目的明细核算。成本费用类账户一般发生额在借方，因此成本费用类账户的多栏式明细分类账可在借方栏分设各明细专栏，而收入类账户一般发生额在贷方，故在贷方栏设专栏。

在实际工作中，为简化工作起见，成本费用类科目的明细账，也可以只按借方发生额设置账页，不设贷方及余额栏，因贷方发生额每月发生的笔数很少，可以在借方用红字冲记。如管理费用明细账，其借方按费用项目设专栏，发生贷方业务时，如结转至本年利润时，则在借方相应专栏用红字冲记。这种格式的缺点在于年末结转后，借方合计栏用红字冲掉，看不到全年的累计发生额，一般较少用。

多栏式明细分类账可以在一张账页上清晰地反映各费用（或收入）类账户的实际开支状况（或收入来源状况），便于加强单位收支项目的管理。

3. 数量金额式明细分类账

数量金额式明细分类账其借方（收入）、贷方（发出）和余额（结存）都分别设有数量、单价和金额三个专栏，适用于既要进行金额核算又要进行数量核算的账户，如原材料、库存商品、周转材料等存货账户。

采用数量金额式明细分类账登记企业财产物资账户，可以清晰反映财产物资账户的收发存的数量、金额与单价，便于账实核对，有利于加强实物管理与使用监督，保证财产物资的安全完整。

4. 横线登记式明细分类账

横线登记式明细分类账也叫平行式明细分类账，是采用横线登记，即账页设"借方"和"贷方"两栏，将每一相关的业务登记在一行，即业务发生与核销时在同一横格内进行登记，从而可依据每一行各个栏目的登记是否齐全来判断该项业务的进展情况，该明细分类账适用于登记材料采购业务、应收票据和一次性备用金业务，一般单位较少使用。

（二）明细分类账的登记方法

1. 三栏式明细分类账的登记

应收账款、其他应收款、应付账款、其他应付款、应交税费（增值税除外）等债权债务结算账户，实收资本、资本公积、盈余公积、本年利润等资本账户可采用三栏式明细分类账登记，可根据审核无误的记账凭证包括收款凭证、付款凭证、转账凭证等逐日逐笔登记。

2. 多栏式明细分类账的登记

生产成本、制造费用等成本类账户，管理费用、销售费用、财务费用、主营业务收入等损益类账户以及在建工程、固定资产清理等资产类账户可采用多栏式明细分类账登记，还有"应交税费——应交增值税"二级账户因三级细目较多，也可设为多栏式登记。多栏式明细分类账可根据记账凭证逐笔登记，也可定期汇总登记。

成本费用类账户采用借方多栏式明细账登记。借方多栏式明细账是由会计人员根据审核无误的记账凭证或原始凭证逐笔登记的，平时在借方登记费用成本的发生额，贷方登记月末将借方发生额一次转出的数额。如果平时发生某个明细项目的贷方发生额，要用红字在相应明细项目的借方进行登记；如果为不设贷方的借方多栏式明细账格式，月末将借方发生额一次转出时用红字记在借方。主营业务收入账户采用贷方多栏式明细账格式登记，应交税费—应交增值税采用借贷方多栏式明细账格式登记，与借方多栏式明细账登记方法类似。

3. 数量金额式明细分类账的登记

固定资产、原材料、周转材料、库存商品、工程物资等财产物资类账户采用数量金额式明细分类账登记。该类账户可以根据审核无误的记账凭证及原始凭证或汇总原始凭证（数量、单价仅在原始凭证上反映）逐笔登记，也可定期汇总登记。

4. 横线登记式明细分类账的登记

横线登记式明细账登记时，将前后密切相关的交易或者事项在同一横线内进行详细登记，当交易或者事项发生时的一方进行登记后，与之相应的业务则不管什么时候再发生，均在同一行次的另一方平行登记，以便检查每笔业务的完成和变动情况。材料采购、在途物资、应收票据、其他应收款（一次性备用金）账户可采用横线登记式明细分类账登记。

四、总分类账户与明细分类账户的平行登记

（一）总分类账户与明细分类账户的关系

总分类账户是所属明细分类账户的统驭账户，对所属明细分类账户起着控制作用；明细分类账户则是总分类账户的从属账户，对其所隶属的总分类账户起着辅助作用。总分类账户及其所属明细分类账户的核算对象是相同的，它们所提供的核算资料互相补充，只有把二者结合起来，才能既总括又详细地反映同一核算内容。因此，总分类账户和明细分类账户必须平行登记。

（二）总分类账户与明细分类账户平行登记的要点

平行登记是指对所发生的每项经济业务都要以会计凭证为依据，一方面记入有关总分类账户，另一方面记入所属明细分类账户的方法，总分类账户与明细分类账户平行登记的要点是：①方向相同；②期间一致；③金额相等。

第四节 对账与结账

一、对账

（一）账证核对

会计账簿是依据经过审核无误的会计凭证登记的，但在实际工作中，可能因种种原因

发生记账错误，导致账证不符，因此，需要进行账证核对。

账证核对是指核对会计账簿记录与记账凭证（及所附原始凭证）的时间、凭证字号、内容、金额是否一致，记账方向是否相符。

实际工作中，账证核对应在登记会计账簿的过程中随时进行，以核查、验证账簿记录和会计凭证内容是否正确无误。一本记账凭证登记完毕，应把所有记账凭证浏览一下，若是有漏记（过账栏没有打"√"），即刻补记。另外，在通过账账核对试算平衡时，若发现记账错误，也应按照一定的线索将账簿记录与相应的记账凭证及其所附原始凭证进行核对，找出错误原因并进行更正。

审核无误的记账凭证及其所附的原始凭证是登记会计账簿的依据，所以，只有保证账证相符，才能保证会计账簿记录的正确性和完整性。

（二）账账核对

会计账簿是一个有机的整体，各种账簿之间既有分工，又有衔接，存在着相互依存的钩稽关系，因此，通过账簿的相互核对，可以发现账簿记录是否有误。

账账核对是指核对不同会计账簿之间的账簿记录是否相符，包括总分类账簿有关账户的核对，总分类账簿与所属明细分类账簿核对，总分类账簿与序时账簿核对，明细分类账簿之间的核对。

（三）账实核对

账实核对是指各项财产物资、债权债务等账面余额与实有数额之间的核对。包括：现金日记账账面余额与库存现金数额核对、银行存款日记账账面余额与银行对账单余额核对、各项财产物资明细账账面余额与财产物资的实有数额核对、有关债权债务明细账账面余额与对方单位的账面记录核对。

（四）账表核对

账表核对是指会计报表有关数字与总账或相关明细账科目的余额或发生额核对，通过核查会计报表各项目的数据与会计账簿相关数据是否相符，可以核查、验证会计账簿记录和会计报表数据是否正确无误，确保会计信息的质量。

二、结账

（一）结账的程序

结账工作主要包括以下几个方面，按照以下顺序进行：

第一，将本期发生的交易或者事项全部登记入账，并保证其正确性。

结账前，应查明本期所发生的所有交易或者事项是否全部登记入账，如果有发现错记、漏记的，要依照规定方法予以补正。

第二，根据权责发生制的要求，调整有关账项，合理确定本期应计的收入和应计的费用。

在全面入账的基础上，按照权责发生制的原则，将收入和费用归属于各个会计期间，编制调整分录，将应预计和摊配的收入与费用登记入账。

第三，将损益类科目转入"本年利润"科目，结平所有损益类科目。

编制结账分录，将各种收入、费用类账户余额结转到有关账户去。如，在会计期末，企业应将"主营业务收入、其他业务收入、投资收益、营业外收入"等收入类科目结转到"本年利润"科目贷方，将"主营业务成本、营业税金及附加、其他业务成本、销售费用、财务费用、营业外支出"等成本费用类科目结转到"本年利润"科目借方，结平所有损益类科目，同时计算应缴所得税，将所得税结转到"本年利润"借方，然后将"本年利润"借方（或贷方）余额结转到"利润分配——未分配利润"，并根据董事会决议进行利润分配的具体账务处理。结账分录（转账凭证）编制完毕后，应登记到相应账簿中。

第四，结算出资产、负债和所有者权益科目的本期发生额和余额，并结转下期。

计算出各账户的本期发生额和期末余额，月份结账摘要栏写"本月合计"，自年初累计写"本年累计"，会计年度结束后，应将有关账户的期末余额结转下年，作为下一会计期间的期初余额。

（二）结账的方法

结账时应当根据不同的账户记录，分别采用不同的方法。

第一，对不需按月结计本期发生额的账户，如各项债权债务（应收账款、其他应收款、应付账款、其他应付款等）明细账，每次记账以后，都要随时结出余额，每月最后一笔余额即为月末余额，月末结账时，只需要在最后一笔交易或者事项记录之下通栏画单红线，不需要再结计一次余额。

第二，现金、银行存款日记账和需要按月结计发生额的收入、费用等明细账，每月结账时，要结出本月发生额和余额，在摘要栏内注明"本月合计"字样，并在下面通栏画单红线，需要结计本月发生额的账户，如果本月只发生一笔交易或者事项，由于这笔记录的金额就是本月发生额，结账时，只要在此行记录下画一单红线，表示与下月的发生额分开就可以了，不需另结出"本月合计"数。

第三，需要结计本年累计发生额的某些明细账户，如收入、成本、费用明细账，每月结账时，应在"本月合计"行下结出自年初起至本月末止的累计发生额，登记在月份发生额下面，在摘要栏内注明"本年累计"字样，并在下面通栏画单红线，12月末的"本年累计"就是全年累计发生额，全年累计发生额下通栏画双红线。

第四，总账账户平时只需结出月末余额。年终结账时，将所有总账账户结出全年发生额和年末余额，在摘要栏内注明"本年合计"字样，并在合计数下通栏画双红线。

也可如上例费用账户，每月结账时，结出本月发生额和余额，在摘要栏内注明"本月合计"字样，在下面通栏画单红线，并在"本月合计"行下结出自年初起至本月末止的累计发生额，登记在月份发生额下面，在摘要栏内注明"本年累计"字样，并在下面通栏画单红线。12月末的"本年累计"就是全年累计发生额，全年累计发生额下通栏画双红线。

第五，年度终了结账时，有余额的账户，要将其余额结转下年，并在摘要栏注明"结转下年"字样；在下一会计年度新建有关会计账户的第一行余额栏内填写上年结转的余额，并在摘要栏注明"上年结转"字样。

按照以上程序及方法结账，还应注意以下事项：

（1）结账画线规定

结账画线的目的，是为了突出本月合计数及月末余额，表示本会计期的会计记录已经截止或结束，并将本期与下期的记录明显分开，月结画单线，年结画双线。画线时，应画红线，画线应画通栏线，不应只在本账页中的金额部分画线。

（2）账户余额填写方法

每月结账时，应将月末余额写在本月最后一笔交易或者事项记录的同一行内。但在现金日记账、银行存款日记账和其他需要按月结计发生额的账户如各种成本、费用、收入的明细账等，每月结账时，还应将月末余额与本月发生额写在同一行内，在摘要栏注明"本月合计"字样。这样可以清晰地显示账户记录中的月初余额加减本期发生额等于月末余额，便于账户记录的稽核。

需要结计本年累计发生额的某些明细账户，每月结账时，"本月合计"行已有余额的，"本年累计"行就不必再写余额了。

（3）红字结账规定

账簿记录中使用的红字，具有特定的含义，它表示蓝字金额的减少或负数余额。因此，结账时，如果出现负数余额，可以用红字在余额栏登记，但如果余额栏前印有余额的方向（如借或贷），则应用蓝黑墨水书写，而不得使用红色墨水。

第五节　错账查找与更正的方法

一、错账查找方法

（一）差数法

差数法是指按照错账的差数查找错账的方法。

如果发现总账与明细账或日记账余额不符，可采用"差额检查法"来查找错误，即直接从账账之间的差额数字来查找错误的方法，适用于重记、漏记账的查询。例如，现金日记账余额为 4 580 元，总账中现金账户的余额为 4 500 元，相差 80 元，可直接根据账面数（现金日记账余额）与核对数（总账中库存现金账户的余额）的差额来查找。记重账时，可从账簿记录中查找，如果发现同一账户记录中，有两个数相同并与这个差额（80 元）相等，则其中一个数可能是重记的数字。漏记时，可在记账凭证中直接查找 80 元的交易或者事项，看是否漏登。

（二）尾数法

尾数法是指对于发生的差错只查找末位数，以提高查错效率的方法。这种方法适合于借贷方金额其他位数都一致，而只有末位数出现差错的情况。

（三）除 2 法

除 2 法是指以差数除以 2 来查找错账的方法。当某个借方金额错记入贷方（或相反）时，出现错账的差数表现为错误的 2 倍，将此差用 2 去除，得出的商即是反向的金额。

如果总账科目的借贷方发生额、期末余额与其所属的明细科目的借贷方发生额合计数、期末余额合计数不一致，且借贷方发生额差数恰好相等，期末余额差数为借（贷）方发生额差数的两倍，就可能是某个借方金额错记入贷方（或相反）。这种情况可采用"差额除二法"来查找错误。

"差额除二法"就是将总账与明细账之间差额数字除以二,按商数来查找差错的方法,适用于查找方向记反账的错误。例如,应记入"应收账款——甲公司"科目借方的 2 000 元误记入贷方,则该明细科目的贷方发生额会多出 2 000 元,借方发生额会少 2 000 元,导致期末借方余额会比正确数少 4 000 元(为错记数的 2 倍),用这个差额数字(4 000)除以 2,商数是 2 000 元,便是该错数。则应查找与 2 000 元差数相同金额的记账凭证,与账簿核对,查看是否记错方向。如非此类错误,则另找差错原因。

(四)除9法

除9法是指以差数除以9来查找错账的方法,适用于以下三种情况:①将数字写小;②将数字写大;③邻数颠倒。

例如:把千位数记为百位数(将数字写小),如"原材料"收入 1 000 元误记为 100 元,检查时,用账面余额减库存盘点数得出差额 900 元,再用 900 除以 9,得出商是 100,即已登账但存在错误的数字,多记金额为应记金额的 9 倍;同理,将十位数错记为百位数(将数字写大),如"库存现金"支出 40 元误记为 400 元,检查时,用账面余额减库存盘点数得出差额 360 元,再用 360 除以 9,得出商是 40,即已登账但存在错误的数字,多记金额为应记金额的 9 倍。还有相邻两数字记颠倒(邻数颠倒),如将会计账户借方或贷方 45 记为 54、123 记为 321,其不平的差额都能被 9 除尽。

二、错账更正方法

(一)画线更正法

画线更正法是指画线注销记账错误并在线上填写正确记录的方法。它一般适用于在结账前发现账簿记录的文字或数字错误,而记账凭证没有错误,同时,账簿记录的错误主要是记账人员的笔误或计算上的错误所造成的情况。

更正的具体方法是:首先,在错误的文字或数字上画一条红线,表示注销,但必须使原有的字迹仍可辨认;然后,在红线的上方空白处用蓝字填写正确的文字或数字,并由更正人员在更正处盖章,以明确责任。在使用画线更正法时,对于错误的数字,应全部画红线更正,不得只更正其中的错误数字;对于文字错误,可只画去错误的部分。

(二)红字更正法

红字更正法是指用红字冲销或冲减原错误记录或有关记录,以更正或调整账簿记录的方法。它一般适用于以下三种情况:

第一种情况是记账以后，在当年内发现记账凭证所记的会计科目错误。

第二种情况是记账以后，发现记账凭证中的会计科目无误，而所记金额大于应记金额，从而引起记账错误。

第三种情况是没有发生记账错误，只是交易或者事项发生以后的退回，如生产车间退料、客户退货等，对账簿记录用红字进行调整。

具体的更正方法是：

第一种情况，记账凭证会计科目错误时，首先用红字填写一张与原记账凭证完全相同的记账凭证，以示注销原记账凭证，然后用蓝字填写一张正确的记账凭证，并据以记账。

第二种情况，记账凭证会计科目无误而所记金额大于应记金额时，按多记的金额用红字编制一张与原记账凭证应借、应贷科目完全相同的记账凭证，以冲销多记的金额，并据以记账。

第三种情况，发生交易或者事项退回，直接用红字编制有关记账凭证进行调整。

（三）补充登记法

补充登记法是指用蓝字增记金额以更正账簿记录的方法。它一般适用于记账以后，发现记账凭证填写的会计科目无误，只是所记金额小于应记金额时，采用补充登记法进行更正。

更正方法是：按少记的金额用蓝字编制一张与原记账凭证应借、应贷科目完全相同的记账凭证，以补充少记的金额，并据以记账。

第六节　会计账簿的更换与保管

一、会计账簿的更换

会计账簿的更换是指将本年度旧账更换为下年度新账，通常在新会计年度建账时进行。总账、日记账和多数明细账应每年更换一次，年度终了，账簿应立卷归档，新的会计年度使用新账簿，不得跨越年度使用账簿；但有些财产物资明细账和债权债务明细账，由于材料品种、规格和往来单位较多，更换新账，重抄一遍工作量较大，因此可以跨年度使用，不必每年度更换一次；固定资产卡片账也可跨年度使用，直到所记录的固定资产处置清理完毕，该卡片账归档；另外，各种备查簿也可连续使用。

更换新账的方法是：在年终结账时，将需要更换账的各账户的年末余额直接过入新启用的有关账户中去，不需要编制记账凭证，直接在旧账的"本年累计"双红线下摘要栏写上"结转下年"及其余额，表示把余额结转到下年，无余额的账户不结转。更换新账时，要注明各账户的年份，然后在第一行日期栏内写明"1月1日"，在摘要栏注明"上年结转"，把账户余额写入"余额"栏内，在此基础上登记新年度的会计事项。

二、会计账簿的保管

会计账簿暂由本单位财务会计部门保管1年，期满之后，由财务会计部门编造清册移交本单位的档案部门保管。

年度终了，各种账户在结转下年、建立新账后，一般都要把旧账送交总账会计集中统一管理。各会计主体每年形成的会计账簿，应由本单位财务会计部门按照归档要求，负责整理立卷，装订成册。活页式和卡片式账簿在使用完毕后即应装订成册或封扎保管。当年形成的会计账簿在会计年度终了后，暂由本单位财务会计部门保管1年，期满之后，由财务会计部门编造清册移交本单位的档案部门保管。未设立档案部门的应当在财务会计部门内部指定专人保管，出纳人员不得兼任账簿保管。

会计账簿的保管期限从会计年度终了后的第一天算起。各种不同类型会计账簿的最低保管期限不一样，一般总账、明细账、辅助账还有除现金、银行日记账以外的其他日记账的最低保管期限均是15年，现金、银行日记账最低保管期限为25年，固定资产卡片账最低保管期限为该固定资产报废清理后5年。

账簿保管期满销毁时，应由本单位档案机构会同会计机构提出销毁意见，编制账簿档案销毁清册，列明销毁档案的名称、卷号、册数、起止年度和档案编号，以及应保管期限、已保管期限、销毁时间等内容。单位负责人在会计账簿销毁清册上签署意见，销毁会计账簿时，应当由档案机构和会计机构共同派员监销。监销人员在销毁会计账簿前应当按照会计账簿销毁清册所列内容，清点核对所销毁的会计账簿。销毁后，应当在会计账簿销毁册上签名盖章，并将监销情况报告本单位负责人。

第四章 会计工作组织与信息化发展

第一节 会计工作组织概述

一、会计工作组织

（一）会计工作组织的内容与意义

1. 会计工作组织的内容

就会计工作组织的内容而言，其具体包含以下几个方面：

（1）会计机构的设置

（2）会计人员的配备

（3）会计人员的职责权限

（4）会计工作的规范

（5）会计法规制度的制定

（6）会计档案的保管

（7）会计工作的电算化

2. 会计工作组织的意义

会计工作组织在完成会计职能、实现会计目标、会计在经济管理等方面发挥着重要的意义。具体来说，科学的会计工作组织具有以下几个方面的意义：

（1）有利于提高会计工作的质量和效率

（2）能够协调与其他经济管理工作的关系

（3）有利于明确内部分工，加强经济责任制

（4）有利于国家财政法规和企业规章制度的正确执行

（二）会计工作组织的原则

会计工作组织要想保证组织工作的准确和有效，就要遵循一定的原则。

1. 统一性原则

会计工作组织必须按照国家对会计工作的统一要求来组织会计工作。会计工作组织受《会计法》《总会计师条例》《会计基础工作规范》《会计档案管理办法》《企业会计准则》等各种法规和制度的制约，各个单位在组织会计工作时必须充分了解国家的相关法律法规，并且按照统一要求来执行。

2. 适用性原则

会计工作组织在遵照国家统一要求的同时也应考虑不同行业和不同单位的特点，遵循适用性原则，根据自身生产经营管理的实际情况来组织会计工作，进而对本单位的会计机构、会计人员以及会计制度等进行合理设置。

3. 成本效益原则

成本效益原则也是会计工作组织应遵循的重要原则。在组织本单位的会计工作时，要在保证会计工作质量的前提下，力求节约工作时间，同时降低成本费用，提高工作效率。

4. 内部控制与责任制原则

在组织会计工作时要遵循内部控制与责任制原则，即明确工作岗位和职责权限，从现金收支、财产物资保管到各项费用的开支等形成相互牵制机制，加强风险管理与控制，建立信息沟通交流机制，完善内部监督，从而确保会计工作组织规范化、条理化。

二、会计机构和岗位责任制度

（一）会计机构

1. 会计机构的含义

从广义上来讲，我国的会计机构包含三个部分，即会计管理机构、会计核算机构和会计中介服务机构。会计管理机构是指政府职能部门中负责组织领导会计工作的机构。在我国，国务院财政部门主管全国的会计工作，县级以上地方各级人民政府财政部门管理本行政区域内的会计工作。会计核算机构是指会计主体中直接从事会计工作的职能部门。会计中介服务机构是指会计师事务所等依法设立的中介机构，其受当事人委托，承办有关会计、审计、税务、咨询等业务。

从狭义上来讲，会计结构是指会计核算机构，是由会计人员组成，负责组织领导和从事会计工作的职能单位。会计结构是企业内部领导和从事会计工作的组织保证。

各个单位要想做好会计工作，充分发挥会计能力，就要建立健全会计机构，配备具有从业资格、数量和质量相当的会计人员。

2. 会计机构的设置

为了满足会计业务的需要，各单位应该设置会计机构，或者在有关机构中设置会计人员并指定会计主管人员。如果不具备设置条件，应当委托经批准设立从事会计代理记账业务的中介机构代理记账。设置的要求具体如下所述。

第一，实行独立核算的大、中型企业，实行企业化管理的事业单位，以及财政收支数额较大、会计业务较多的机关团体和其他组织，应当设置会计机构。设置会计机构的单位，应当配备会计机构负责人，同时建立稽核制度。

第二，不具备单独设置会计机构条件的单位，允许其在有关机构中设置会计人员，指定会计主管人员，并设置必要的会计工作岗位，其中核算、出纳为必设岗位。这种会计机构的设置形式多见于行政机关、事业单位和小中型企业。会计主管人员是指负责组织管理会计实务、行使会计机构负责人职权的负责人。尽管只配备专职会计人员，但是也必须具有健全的财务会计制度和严格的财务手续。

第三，没有设置会计机构或者配备会计人员的单位，应当根据《代理记账管理办法》的规定，委托会计师事务所或者持有代理记账许可证书的代理记账机构进行代理记账，以确保单位的会计工作有序进行。

（二）会计工作岗位责任制度

1. 会计工作岗位的设置

各单位应当根据会计业务需要设置会计工作岗位。会计工作岗位主要包含以下几个部分：会计机构负责人或者会计主管人员、出纳、财产物资核算、工资核算、成本费用核算、财务成果核算、资金核算、往来结算、总账报表、稽核、档案管理等。开展会计电算化和管理会计的单位，可以根据需要设置相应工作岗位，也可以与其他工作岗位相结合。

会计工作岗位可以一人一岗，可以一人多岗，还可以一岗多人。但出纳人员不得兼管稽核、会计档案保管和收入、支出、费用、债权债务账目的登记工作。会计人员的工作岗位应当有计划地进行轮换。

2. 会计工作的组织形式

企业会计工作的组织形式不同，企业财务会计机构的工作范围也会不同。就独立核算单位的会计工作而言，其组织形式包含集中核算和非集中核算两种。

（1）集中核算

企业会计工作主要集中在厂（公司）级会计部门进行的核算组织方式称为集中核算，

其适用于中、小型企业。采用集中核算组织方式，企业经济业务的明细核算、总分类核算、会计报表编制和各有关项目的考核分析等会计工作，集中由厂（公司）级会计部门进行。其他职能部门、车间、仓库的会计组织或会计人员，只负责登记原始记录和填制原始凭证，并经初步整理后，为厂（公司）级会计部门进一步核算提供资料。运用集中核算组织形式，可以减少核算环节，简化核算手续，精减会计人员，但不便于企业内部有关部门及时利用核算资料进行考核与分析。

（2）非集中核算

非集中核算又称"分散核算"，是指将与企业内部各部门、车间、仓库业务相关的明细分类核算，即分散在各部门、车间、仓库进行的一种核算组织方式。具体而言，非集中核算就是将企业某些经济业务的凭证整理、明细核算以及与企业内部单位日常管理需要相适应的内部报表的编制和分析，分散到直接从事该业务的车间、仓库、部门进行。实行分散核算，有利于企业内部有关部门及时利用核算资料进行考核与分析，但会增加会计人员的数量，对厂（公司）级会计部门集中掌握和监督企业内部各单位的经济业务情况有一定影响。

集中核算和分散核算是相对的，在具体工作中，企业可以根据需要对某些会计业务采用集中核算，而对另一些业务采用分散核算。无论采用哪种形式，企业对外的现金、银行存款往来、物资购销、债权债务的结算都应由厂（公司）级会计部门集中办理。

三、会计档案管理

（一）会计档案的内容与作用

所谓会计档案，是指单位在进行会计核算等过程中接收或形成的，记录和反映单位经济业务事项的，具有保存价值的文字、图表等各种形式的会计资料，也包括通过计算机等电子设备形成、传输和存储的电子会计档案。

1. 会计档案的内容

就会计档案的内容而言，具体包含以下几个方面。

第一，会计凭证，包括原始凭证、记账凭证。

第二，会计账簿，包括总账、明细账、目记账、固定资产卡片及其他辅助性账簿。

第三，财务会计报告，包括月度、季度、半年度、年度财务会计报告。

第四，其他会计资料，包括银行存款余额调节表、银行对账单、纳税申报表、会计档案移交清册、会计档案保管清册、会计档案销毁清册、会计档案鉴定意见书及其他具有保存价值的会计资料。

2. 会计档案的作用

会计档案是各单位的重要档案，也是国家档案的重要组成部分。会计档案是对一个单位经济活动的记录和反映，是记录和反映经济活动的重要史料和证据，有着极其重要的作用。

第一，通过会计档案可以了解每项经济业务的来龙去脉，了解企业的生产经营情况，有助于各单位进行经济前景的预测和进行经营决策，编制财务、成本计划，会计档案也为国家制定宏观经济政策提供参考。

第二，会计档案是总结经验、揭露责任事故、打击经济领域犯罪、分析和判断事故原因的重要依据。

第三，运用会计档案可以为解决经济纠纷，处理遗留的经济事务提供依据。

第四，在经济学的研究活动中，会计档案具有重要的史料价值。

（二）会计档案的保管

档案管理工作是各单位需要加强的工作，各单位应当建立和完善会计档案的收集、整理、保管、利用和鉴定销毁等管理制度，采取可靠的安全防护技术和措施，保证会计档案的真实、完整和安全。

各单位的会计档案主要由本单位的档案机构或者档案工作人员所属机构（以下统称单位档案管理机构）负责管理。单位也可以委托具备档案管理条件的机构代为管理会计档案。

单位的会计机构或会计人员所属机构（以下统称单位会计管理机构）按照归档范围和归档要求，负责定期将应当归档的会计资料整理立卷，编制会计档案保管清册。当年形成的会计档案，在会计年度终了后，可由单位会计管理机构临时保管一年，再移交单位档案管理机构保管。单位会计管理机构临时保管会计档案最长不超过三年。

单位应当严格按照相关制度利用会计档案，在进行会计档案查阅、复制、借出时履行登记手续，严禁篡改和损坏。单位保存的会计档案一般不得对外借出，确因工作需要且根据国家有关规定必须借出的，应当严格按照规定办理相关手续。会计档案的保管期限分为永久、定期两类。定期保管期限一般分为 10 年和 30 年。

（三）会计档案的移交和销毁

在办理会计档案移交时，单位会计管理机构应当编制会计档案移交清册，并按照国家档案管理的有关规定办理移交手续。纸质会计档案移交时应当保持原卷的封装。电子会计档案移交时应当将电子会计档案及其原数据一并移交，并且文件格式应当符合国家档案管理的有关规定。

对于到保管期限的会计档案，单位应当定期进行鉴定，并形成会计档案鉴定意见书。经鉴定，仍需继续保存的会计档案，应当重新划定保管期限；对保管期满，确无保存价值的会计档案，可以销毁。

可以销毁的会计档案应该按照以下程序销毁。

首先，单位档案管理机构编制会计档案销毁清册，列明拟销毁会计档案的名称、卷号、册数、起止年度、档案编号、应保管期限、已保管期限和销毁时间等内容。

其次，单位负责人、档案管理机构负责人、会计管理机构负责人、档案管理机构经办人、会计管理机构经办人在会计档案销毁清册上签署意见。

最后，单位档案管理机构负责组织会计档案销毁工作，并与会计管理机构共同派员监销。监销人在会计档案销毁前，应当按照会计档案销毁清册所列内容进行清点核对；在会计档案销毁后，应当在会计档案销毁清册上签名或盖章。

此外，电子会计档案的销毁还应当符合国家有关电子档案的规定，并由单位档案管理机构、会计管理机构和信息系统管理机构共同派员监销。

总体而言，会计组织工作对于各单位工作顺利、有效地进行起着重要的作用，应当重视和加强会计组织工作。

第二节　会计信息化概述

一、会计信息化特征

（一）普遍性

会计信息化包括了会计核算、会计监督、会计预测与决策等多个方面，并根据信息管理原理和信息技术重整会计流程，构建起适应会计信息化发展的完善的会计理论结构，在会计的所有领域全面运用现代信息技术，形成完整的信息化应用体系。

（二）集成性

信息集成包括三个层面：一是在会计领域内实现信息集成，不同会计门类（如财务会计和管理会计）之间协调和解决会计信息真实性和相关性的矛盾；二是在企业组织内部实现财务和业务的一体化，即集成财务信息和业务信息，在二者之间实现无缝链接；三是建立企业组织与外部利害关系人（客户、供应商、银行、税务、财政、审计等）的信息网络，实现企业组织内外信息系统的集成。信息集成的结果是信息共享。

（三）动态性

会计信息化在时间上的动态性表现为：首先，在 ERP 环境下，会计数据的采集是动态的、实时的。其次，会计数据的处理是实时的。在会计信息系统中，会计数据一经输入系统，就会立即触发相应的处理模块。对数据进行分类、计算、汇总、更新、分析等一系列操作，以保证信息动态而实时地反映企业组织的财务状况和经营成果。最后，会计数据采集和处理的实时化、动态化，使得会计信息的发布、传输和利用能够实时化、动态化，会计信息的使用者也就能够及时地做出管理决策。

（四）多元性

在会计信息化条件下，会计系统通过与企业内外各个机构、部门的信息接口转换、接受货币和非货币形态信息，提供历史信息、现时信息和未来信息；会计系统在采用主体认定计算方法的同时，如果需要亦可选用其他备选方法进行试算，比较差异；随着计算机多媒体技术的采用，会计系统除了提供数字化信息之外也可提供图形化信息和语音化信息。实现信息加工模式、信息传输渠道、信息表现形式的多元化。

二、会计信息化的发展过程

（一）会计电算化阶段

在这一阶段，信息技术应用的主要目的是实现会计数据处理的自动化，使用小型数据库，运行会计核算系统，其主要特征是会计软件处理方式完全模拟手工会计处理方式，此时会计的职能与传统会计相同，仍为记账、算账、报账等。

（二）业务财务一体化阶段

在这一阶段，信息技术应用的主要目的是实现事中的、实时的、动态的内部控制与信息报告，使用大型数据库和互联网，运行 ERP 系统，其主要特征是企业会计不再是一个独立的信息系统，而成为 ERP 系统的一部分，与业务系统高度融合与协同，此时会计的职能除了基本的核算、报告等职能外，更侧重控制与服务职能。

（三）事件驱动会计阶段

在这一阶段，信息技术应用的主要目的是实现为企业运营、管理与决策提供全方位的信息服务，使用数据仓库与云技术，运行事件驱动的信息系统，其主要特征是业务事件驱动数据的记录与处理过程，即先有信息需求，再根据需求对数据进行加工处理并报告。此时，会计的职能是实时采集经济业务的全部相关数据，为信息使用者提供全面的信息服务。

目前国内的会计信息化进程处于业务财务一体化阶段。

三、会计信息化的巨大意义

（一）对传统会计的意义

1. 对会计理论来说

（1）对会计目标的意义

在会计信息化时代，会计的目标仍然是向信息使用者提供决策有用的会计信息。但在网络与经济高速发展的今天，在信息技术如数据库技术、人工智能技术、网络通信技术的支撑下会计信息处理将实现自动化、网络化、系统化，使预测与决策变得更容易、准确。然而，这种发展并未改变原有目标，相反它促进了传统会计目标的实现。

（2）对会计前提的意义

信息化对会计前提的影响主要包括会计主体、持续经营、会计分期等。在信息化条件下，网络技术的发展和普及不仅为会计信息的传播提供了条件，而且使企业的组织形态、经营方式等方面呈现外在的不确定虚拟化状态。网络交易的发展，导致会计主体界限越来越模糊，"网上公司"的外部虚拟化常常掩盖了其发生真正交易或事项的行为，经营活动常呈现短暂性，对持续经营的前提同样造成了影响，而且网络技术为使用者随时了解企业的财务状况、经营业绩提供了可能，因此会计期间在网络环境下可以进一步细分乃至按信息使用者的要求确定。

（3）对会计信息质量的意义

企业会计信息质量的基本特点包含及时性、相关性、可靠性等。在信息化环境下，随着现代信息技术的充分应用，会计核算的自动化使得会计工作的效率大幅提高，增强了及时性。会计信息和业务信息的整合使信息高度共享，增强了相关性。而网络财务报告、计算机审计等技术的发展，也使会计信息的可靠性得以提升。

2. 对会计实务来说

（1）对会计核算方法的意义

由于传统的会计核算系统比较复杂，使得在计量方法的选择上，更多的企业主要考虑的是核算方便，而非方法本身的科学性与合理性，与此同时，在抄写凭证报表数据时也会浪费大量的人力资源。在信息化的环境下，会计系统是一个实时处理、高度自动化的系统，会计处理流程将运用集成化的会计软件，可以与业务处理流程实现无缝链接和实时处理，利用计算机可以采用手工条件下不愿采用甚至无法采用的复杂、精确的计量方法，从而使会计核算工作做得更细、更深。

（2）对会计分析方法的意义

在信息化环境下，现代信息技术能将社会经济活动的细节进行精确的记录、保存和传播，会计人员可以通过计算机分析会计信息，从中发现企业生产经营过程中的问题，对客观经营活动进行调节、指导、控制，减少资源浪费。通过分析用户的信息需求，会计人员不但可以制定有关的信息管理、储存和报告的规则，还可以制定在信息处理过程中用到的相关模型和方法等，并将这些结果经过信息系统的处理后传递给相应的用户。除此之外，还可以结合用户的实际需求，将数据加工成更为个性化的会计信息。

（3）对会计检查的意义

会计检查是对经济活动和财务收支所进行的一种事后监督，是会计核算和会计分析的必要补充。随着现代信息技术的普遍应用，企业可以实现对会计信息处理的自动化，简化工作流程，从而更加便于管理。各个管理、生产组织部门的数据信息都将通过网络直接进入会计处理系统，而对于企业的每个职工来说，他们既是会计信息的生产者也是会计信息的使用者，可以对企业的会计信息进行检查和监督。并且，企业的管理者也可以通过网络技术对企业的生产经营和会计处理过程进行科学的管理，及时发现存在的问题，并且采取有效的措施加以解决。

3. 对会计工作环境来说

（1）对会计人员的意义

从表面上来看，会计的信息化只不过是将信息技术应用于会计核算工作中，减轻会计人员的工作负担，提高会计核算的速度和精度，以计算机替代人工记账。实际上，信息化绝不仅仅是核算工具和核算方法的改进，而必然会引起会计工作组织和人员分工的改变，促进会计人员素质和知识结构、会计工作效率和质量的全面提高。实行信息化，要求会计人员既要掌握会计专业知识，又要掌握相关的计算机知识、网络知识、信息管理知识等，因此，信息化将促进会计人员的知识结构向既博又专的方向发展，从而提高会计人员的素质。

（2）对内部控制制度的意义

其主要是内部控制的形式发生了变化：手工核算形式下会计人员按不同的分工，各司其职，组织会计工作的运转。而会计信息系统中的人员，除会计专业人员外，还有系统管理员和操作员等，按新的分工形式完成会计工作的运作。信息化后，会计的内部控制分为以组织控制措施为主的一般控制和以计算机控制程序为主的系统控制。

（3）对财务报告的意义

随着信息化的全面普及，财务会计与管理会计相结合，信息资源高度共享，信息使用者可以主动去获取符合自己需要的会计信息，财务报告将不再按对外对内进行区分，其列报方式也将有所改变。之前受人工信息处理能力的限制，会计报表往往局限于财务数据及其相关信息的说明，实现信息化后，会计信息从收集、加工、传递到综合利用都实现了信息化，从而可以在深度和广度上扩展财务报告的内容，如增加不同的会计方法所加工的多种会计信息、对会计信息按信息使用者的要求进行深化、细化等，使财务报告在经营管理决策中发挥更大的作用。

（4）对会计档案管理的意义

实行信息化后，会计档案和传统会计档案有很大的区别，具备磁性化和不可见等特点，因此需要建立适应信息化环境的会计档案管理制度，如会计档案打印输出制度、数据备份管理制度等，并且要做好相应的安全保密措施，防止会计数据丢失、泄露。

（二）对现代会计的意义

首先，实现会计信息化以后，会计信息系统将真正成为企业管理信息系统的一个子系统。企业发生的各项业务，能够自动从企业的内部和外部采集相关的会计核算资料，并汇集于企业的内部会计信息系统进行实时处理。会计将从传统的记账、算账的局限中解脱出来，从而更大地发挥会计的管理控制职能，让企业经营者和信息使用者可随时利用企业的会计信息对企业的未来财务形势做出合理的预测，为企业的管理和发展做出正确的决策。

其次，对于会计主体而言，特别是传统的会计主体不再是拥有实实在在的资金和厂房的企业，它还将包括一些网上的虚拟公司和网络公司。这些公司为了共同的目标，会在短时间内结合在一起，当完成特定的目标后会很快解散，它的持续经营、会计分期和货币计量的基本前提都将会受到冲击。实现会计信息化后，企业网与外界网络实现了互联，会计信息的使用者可以随时获取有关的会计信息。由于信息技术的全面应用，极大地提高了信息的及时性，信息的预测价值和反馈价值也大大提高，信息的流速也大大加快，有力地促进了经济管理水平的提高。另外，通过会计信息系统直接获取相关数据并进行分析，减少了人为的舞弊现象，从而也大大提高了会计信息的可靠性和信息的质量。

最后，实现会计信息化后，会计软件的处理流程将不再是单纯模拟手工会计的处理流程，会计也不再是孤立的系统，而发展为一个实时处理、高度自动化的系统，与其他业务系统和外界连接，可以直接从其他系统读取数据，并进行一系列的加工、处理、存储和传输。会计报告也可以采用电子联报方式进行实时报告，用户可以随时获取有用的会计信息进行决策，从而提高工作效率，促进经济的发展。

第三节　会计信息系统的开发与应用

一、会计信息系统的开发

（一）开发目标

会计信息系统是为企业服务的，会计信息系统的目标应服从于企业、信息系统、会计三者的目标。因此，会计信息系统的目标可以确定为向企业内部、外部的管理者和决策者提供所需的会计信息和有价值的非会计信息。在此目标下，会计信息系统的基本功能是利用各种会计规则和方法，加工来自企业各项活动的数据，产生会计信息，以辅助人们利用会计信息进行决策。而会计软件则是将这些会计规则和方法综合形成软件中的处理功能。

（二）开发组件

会计信息系统的组成部分包括计算机硬件、计算机软件、会计数据、会计人员、系统运行规范。

1. 计算机硬件

计算机硬件是指进行会计数据输入、处理、存储及输出的各种电子设备，如输入设备有键盘、扫描仪等；数据处理设备有计算机主机等；存储设备有磁盘、光盘、U 盘等；输出设备有打印机、显示器等。

2. 计算机软件

计算机软件包括系统软件和应用软件两类。系统软件是保证会计信息系统能够正常运行的基础软件，如操作系统、数据库管理系统等。在会计信息系统中应用软件主要指会计软件，它是专门用于会计核算和会计管理的软件，是会计信息系统的一个重要组成部分，没有会计软件的信息系统就不能称之为会计信息系统，拥有会计软件是会计信息系统区别于其他信息系统的主要因素。

3. 会计数据

会计数据是经济业务的记录，是会计信息系统的处理对象，通常也把经过会计信息系统加工处理、对决策者有用的会计数据称为会计信息，会计信息系统的目标就是向系统的一切使用者提供所需的会计信息。

4. 会计人员

会计人员是指会计信息系统的使用人员和管理人员，包括会计主管、系统开发人员、系统维护人员、凭证录入人员、凭证审核人员、会计档案保管人员等。会计人员是会计信息系统的应用主体，如果没有一支高水平、高素质的会计人员和系统管理人员队伍，即使有再好的软硬件，会计信息系统也不能稳定、正常地运行。

5. 系统运行规范

会计信息系统的运行规范是指保证会计信息系统正常运行的各种制度和控制程序，如硬件管理制度、数据管理制度、会计人员岗位责任制度、内部控制制度等。

二、会计信息系统的应用

（一）建立方式

会计信息系统的建立一般有如下几种方式：

1. 自主开发

自主开发指企业自行组织人力、物力进行会计信息系统的开发设计工作，所开发的软件能够完全符合企业会计处理的特点，但成本很高，开发周期较长，并且容易模仿企业原有的会计处理流程，起点较低，不利于提升企业会计信息化水平。通常只有大型企业有特殊需求时才会采用此种方式。

2. 购买商品化会计软件

购买商品化会计软件指企业在市场上选购适合本企业需要的商品化软件，经过实施后建立会计信息系统。购买软件相对于自主开发来说成本较低，建设周期短，但商品化会计软件不一定能完全符合企业会计处理的特点，通常中小企业都采用此种方式。

3. 委托开发

委托开发指企业委托会计软件开发方（会计软件公司）根据企业的具体情况进行会计信息系统的开发设计，并负责会计信息系统的实施。委托开发结合了自主开发和购买软件两者的优点，目前大中型企业多采用此种方式。

4. 租用服务系统

租用服务系统指企业无须自行开发或购买，而是向会计服务供应方租用系统和服务，通过网络将企业的会计数据上传到服务系统中，经过系统处理后再将所需的会计信息反馈给企业。随着互联网技术的发展，此种方式正逐渐引进国内，是未来中小企业信息系统建设的方向。

（二）实施步骤

会计信息系统的实施是指从信息系统项目立项开始直到新系统正式运行为止的所有阶段性工作，是一项复杂的系统工程，具体内容包括如下方面：

1. 明确目标并制订计划

由于会计信息系统的建设既需要硬件和软件的大量投资，又需要人力的长期投入，因此在建设之前，需要规划好建设的目标，并对有关设备、人员和资金进行系统的总体规划，制订好实施方案。

2. 对人员进行培训

建立会计信息系统意味着企业的管理和运作将使用一套全新的手段，因此要对所有相关人员进行培训，提高使用会计信息系统的能力，保证新系统的正常运行。

3. 分析需求并进行业务流程优化

建设会计信息系统前必须了解和分析企业当前的业务处理流程，并在此基础上结合会计软件的功能，对当前业务流程进行重新调整和优化改进，以提高企业业务处理的效率、提升管理水平。

4. 系统软硬件建设

系统软硬件建设包括计算机设备、网络、系统软件、数据库等软硬件平台的购置安装调试，以及会计软件的安装配置等。

5. 试运行系统

会计信息系统建立后，需要进行一定时间的试运行，通过试运行检查系统是否充分满足企业的要求，相关人员对系统的操作是否熟练，系统是否存在漏洞等，发现问题并及时修改。

6. 投入实际运行

经过试运行，确认会计信息系统能正常工作后，可以开始使用新系统，根据实际情况，可以停止使用旧系统或者并行一段时间再停止使用。在新系统开始运行后，还应定期进行审查，对运行中的问题及时处理和优化。

（三）应用管理

会计信息系统属于企业管理信息系统的一部分，因此其必然需要进行合理的管理。具体来说，需要注意把握如下三种制度。

1. 会计信息系统岗位责任制

会计信息系统是一个人机系统，信息处理工作由会计人员和计算机共同完成，因此在会计信息系统中，需要根据企业实际情况和系统的需求设置有关岗位，进行岗位分工，明确会计人员各自的职责范围，使会计工作得以顺利开展。会计岗位一般分为会计信息系统主管、软件操作员、审核记账员、系统维护员、数据分析员等。

2. 会计信息系统操作管理制度

会计信息系统操作管理制度具体包含如下三项：

系统使用管理制度：包括专机专用、杜绝无关人员使用计算机、配备不间断电源避免断电导致数据损坏、数据定期备份等。

上机操作管理制度：包括上机登记、密码管理、操作记录、输入数据及时核对、禁止在计算机上安装其他软件等。

会计业务处理程序管理制度：按照会计信息系统的处理流程，对会计人员的操作进行相应的规范，要求按时进行凭证录入、审核记账、账表处理和输出等。

3. 会计信息系统内部控制制度

《中华人民共和国会计法》规定各单位必须建立健全内部会计控制制度。在会计信息系统中，内部控制相比传统手工会计的内部控制有很大的区别，会计处理的很多环节由人工改为计算机处理后，一些原有的内部控制措施如对账、试算平衡等失去必要性，或转入计算机内部。同时，由于现代信息技术的引入，又需要增加新的内部控制内容，整个内部控制的重心由对人的控制转向对数据的控制。具体的内部控制制度包括软硬件的管理、数据安全控制、操作人员权限控制、数据处理流程控制等。

第四节　大数据和人工智能技术对会计信息化发展的影响

一、大数据对会计信息化发展的影响

（一）大数据简述

"大数据"是一个体量特别大、数据类别特别多的数据集，并且这样的数据集无法用传统数据库工具对其内容进行抓取、管理和处理。

1. 大数据的内涵

对于现代社会而言，大数据这一事实不再只是简单的代表着一组数据，其产生还可以带来其他方面的重大意义。人们通过对大数据的分析，可以进一步获取更多智能的、有价值的数据信息。当前时代，各种设备和应用的运作都会与数据产生关系，这些数据在数量、方式、速度层面上的呈现都加剧了大数据本身所具有的复杂性，因此掌握准确的分析大数据的方法也就更加重要了。可以认为，能否使用准确的分析数据的方法将决定所获取的信息结果是否具有最大的价值。换言之，分析方法成为决定数据信息价值的因素。

2. 大数据的特点

要理解大数据这一概念，首先要从"大"入手，"大"是指数据规模，大数据一般指在 10TB（1TB = 1 024GB）规模以上的数据量。总之，大数据指的是大型的数据集合，它具有如下特点。

（1）体积庞大

通常，体积庞大指的是大数据一般为 10TB 以上规模的数据。然而，在现实生活中，各个地区的大型企业联合起来，将自己所拥有的数据都集合在一起，从而形成了 PB 级别的数据形式。

（2）类别大

类别大指的是大数据的来源是多种多样的，现实生活中各个领域中所产生的数据都汇集起来，并且在种类以及格式上越来越丰富。当前，大数据的类型已经超越了以往人们心目中的数据结构范畴，不仅包括半结构化数据，而且还包括非结构化数据形式。

（3）对数据的处理速度非常快

当数据的规模和数量非常庞大时，人们同样可以利用当前的科技来快速处理手中的数据，从而获取自己需要的结果。

（4）具有真实性

当社会生活中出现了以企业内容为数据、以社交为数据、以应用为数据的来源之后，人们心目中的传统数据定义已经被推翻了。大数据来源于现实生活中，使得自身的真实性得到有效保证，进而人们通过真实数据所获取的结果也往往是有效和有价值的。

当然，大数据的鲜明特点并不仅仅局限于数据大或者 4V 这类的简单论述中。大数据的鲜明特点还体现在人们可以利用各种大规模的数据来实现一定的目的，而这种目的通过小规模数据往往是无法实现的。换言之，人们可以利用大数据对海量的数据展开分析，取得令人瞩目的价值，进而为社会提供更大的服务，在逐步的改革中形成一种变革的力量。

3. 大数据的价值

（1）挖掘市场机会

企业团体通过分析大数据可以充分挖掘市场，同时对市场展开进一步分化，针对市场上的不同群体制订有针对性的销售行动。企业获得产品创意的基础，就在于充分掌握消费群体的购买需求，那么如何来获取这种信息呢，如何有效挖掘出人们心中的消费品概念呢？其中一个有效的方法就是利用大数据。通过分析大数据，人们可以了解消费者的生活和消费习惯，掌握消费者的购买密码，进而为消费者提供满足他们需求的产品。如果企业能够掌握消费者的消费密码，那么这家企业就可以了解消费背后客户的真正需求。简言之，大数据是企业确定供应商、创新产品、确定消费客户、把握消费旺季的有效方法之一。对大数据进行快速、高密度分析和调查，所得出的结果可以帮助企业准确、及时地获取数据。通过分析大数据并统计结果，企业可以进一步挖掘和细分市场，进而大大提升企业的整体商业模式，在产品以及服务上为消费者提供更贴心的服务，而且还可以有效缩短产品的研发时间。通过大数据，企业的商业决策水平得到了大幅度提高。据此可知，大数据可以帮助企业开拓新的商品市场，帮助企业合理利用各方面的资源以及目标市场，有助于企业制订精准的销售策略，有助于企业降低经营上的风险。

（2）提高企业决策能力

通过大数据制定决策具有一定的特点。首先，从量变发展到质变。人们大范围挖掘数据，同时根据数据获取信息，自然所获取的信息完整度比较高，依据这种完整信息进行决策，那么决策的合理性就大大提高了，人们不会再盲目拍脑袋决策重要事情了。其次，决策的知识含量、技术含量大大提高。云计算的普及为人们提供了很大的方便，对于海量的数据信息，人们不再手足无措，通过云计算人们就可以顺利处理和驾驭海量的数据，进而通过数据来制定产生较高价值的决策和信息。最后，大数据为人们确定了很多在以前看起来难以确定的重大方案。例如，人们想要做一个准确的经济计量模型，那么就需要建立在企业、居民、政府各个方面的决策以及行为数据的基础上，进而通过对数据的分析得出一个最佳的方案。

（3）创新企业管理模式

当前，已经很少有企业还像以往那样要求员工了，即无条件服从上级指示，也很少有企业高层通过中层管理来掌控下属以及传递信息。传统的企业管理模式已经过时，在当前信息大爆炸的时期，如果再对员工进行严格控制，严禁他们猜测或者传播内部小道消息往往是不明智的，因为这显然会大大降低企业的工作效率。社会管理学家认为，企业内部的关系就两种：一种为成本中心，另一种为消耗中心，如果一个企业无法有效掌控这两个中心，即降低成本以及消耗，那么在当前瞬息万变的竞争环境下，这种企业是很难得到长久生存和发展的。当前，科学技术的飞速发展大大提高了机器的性能，机器的效率由芯片来决定，管理系统从最初重视系统完整以及各个部门之间的配合关系，到现在已经发展为注重人脑的运用或者机器的使用，通过把控信息流程来充分满足职工的要求，进而激发更大的创造力。对于企业管理而言，搜集以及传递信息是关键，而这一任务的完成现在就可以充分依赖大数据技术。大数据的本质就在于对内部信息数据进行挖掘、关联以及整合，在此基础上创造新的价值。可见，管理与大数据在特征上体现出高度的契合性，在一定程度上可以认为大数据已经成为企业管理的又一个重要工具。因为对于当前的任何企业而言，信息已经成为一种财富，企业家只有从整个企业的大局着眼，充分利用大数据的信息价值，在决策上果断，才能为企业的未来发展提供更好的决策服务。

（4）变革商业模式

在当前的信息技术革命下，大数据的普及成为价值的核心，人们通过数据更新了商业模式，新型商业模式大量出现。企业只有准确把握市场所出现的良好机遇，利用大数据来更新整体的商业模式，才能在大数据时代创造出更加辉煌的成绩。企业可以充分利用大数据来更新产品，提升服务质量，充分改善企业在消费者心目中的形象，同时还可以利用大数据来发明崭新的商业模式。纵观IT技术的发展历史可以得知，每一次IT领域的技术变革都将对企业的商业模式带来彻底的改变和影响。企业利用大数据的分析技术可以挖掘、分析、整合自身的各种数据，建立一个完善、系统的数据系统，这将有助于企业自身结构以及管理体系的巩固与完善。另外，随着消费者个性消费需求的大幅度增长，大数据越来越显示出自身的作用与价值，并已经在逐步改变着很多企业的发展路径以及商业模式。

（5）拓展个性化发展

以前，人们看病的时候医生给出的诊断结果往往都是当前的，现在利用大数据，医生可以对患者以往的所有就诊数据进行分析，进而根据遗传变异、特定疾病以及特殊药物的反应等之间所具有的关系，实现一种个性化的治疗。此外，医生还可以在患者出现某一种疾病的症状之前，为患者提供及时的检测与诊断。早期的发现与治疗将会大大减少卫生系统的负担，因为早期治疗费用远远小于后期的治疗费用。

在大数据技术的大力支持下，教育体系将发生翻天覆地的变化：可以实行弹性学制、对学生进行个性化辅导、开展家庭与社区学习等。通过大数据，教育体系中的教师可以根据学生个人的特点来制订学习计划，从而充分发挥学生的天分以及学习能力。

此外，有学者还提议政府部门应该尽力去补充数据库的内容。因为政府在以往可以对财政提供补贴，那么现在对数据库同样可以提供补充，进而实现创意服务。例如，美国当前就有完全依靠政府建立的数据库，这些数据库可以为企业提供各种各样的数据，这些数据还可以为个人、消费者提供生活上的便利服务，这不得不说是一种创新。

（6）大数据有助于驱动智慧和谐社会

美国作为全球大数据领域的先行者，在运用大数据手段提升社会治理水平、维护社会和谐稳定方面已先行实践并取得显著成效。近年来，在国内，"智慧城市"建设也在如火如荼地开展。在治安方面，人们可以利用大数据来监控、管理、分析犯罪的信息与模式，对犯罪的趋势进行有效预测，目前国内很多地区都已经开始利用大数据的价值来打击犯罪行为了，如北京等。在交通方面，人们可以收集公交车、地铁站的刷卡记录，同时根据对停车收费站、道路摄像头等信息的整理来预测交通规则，对交通线路进行合理设计、调整发车密度、控制车流状况，从而及时对交通拥堵进行疏通，减少城市交通的负担。在医疗方面，很多城市已经对病人的档案实现数字化管理，对临床病人的各种状况进行数据收集和分析，有助于医疗研发、远程诊疗等程序的进行。

（二）大数据对会计信息化发展的意义

大数据是近些年来的一个新兴概念，其是信息大爆炸时代特征的反映，以云技术、互联网为依托，传输与应用海量的数据。在这样的背景下，会计也必然会受到影响，并且会计工作者的工作效率也大大提高。具体来说，大数据对会计信息化发展的意义如下所述。

1. 降低会计信息化运行成本

建设会计信息化系统，必然需要计算机技术、网络技术的支持。而网络计算机技术基础的花费源于两个层面：一个是硬件购买，另一个是软件建设。软件建设的费用较高，并且对软件的运行也是一个长期的任务，需要具备专业技能的相关人士，需要投入大量的时间展开操练，也必然需要投入大量的资金，因此很多企业尚且不能开展独立的软件建设。

大数据时代下，企业通过云计算、互联网技术，在各种资源中获取信息，以满足自身需要。他们不需要投入大量的资金，只需要一些研究人员与一定的时间，付少量的费用就可以进行软件建设，从而享受大数据对会计信息化产生的便利。

2. 为企业提供财务资源共享平台

近些年，全球化进程在不断加快，跨国企业迅猛发展，并且在全世界建立了很多分公司。这些跨国公司可以利用大数据技术，为企业建构一个云端的财务共享系统，让子公司对总公司的运行情况有所了解，从而更快捷地处理资金问题。

对于会计行业来说，运用大数据技术可以有效地推进企业建构财务资源共享平台。利用这一平台，企业的各个公司之间能够有效进行资源共享。简单来说，这一平台的建立为企业的会计信息化提供了丰富的数据和资源，便于会计展开下一步的工作。

3. 提高会计信息化的工作效率

大数据时代下，很多企业通过网络可以实现互联网信息的共享，从而方便获取资源与信息，减少人们在传统图书馆中寻找资源所耗费的精力与时间，提高会计信息化的效率。

对于会计人员来说，他们可以运用大数据技术快速建立财务报表，使各个部门间共享会计信息技术人员提供的资源与数据，将烦琐的流程加以简化，提升自身的工作效率。

对于一些跨国企业而言，大数据超越了时间、空间等的限制，有助于不同地区的人们同时处理同一份文件，可以加强彼此之间的沟通与协作，提高彼此的工作效率。

（三）大数据背景下会计信息化发展的问题与应对策略

大数据时代下，会计信息化现象越来越凸显。大数据技术的运用使会计业务的工作效率越来越高，也逐渐降低了相对应的消耗成本，但是也必然会带来一些风险，下面就来分析这些风险问题，进而分析具体的应对策略。

1. 大数据背景下会计信息化发展的问题

（1）会计信息化共享平台存在安全隐患

大数据会计信息化共享平台是会计信息与资源共享的重要基石，因为企业之间只有以平台为依托才能实现资源共享，当然会计信息化中也需要依托平台资源共享。以网络作为载体，会计的工作变得更为快捷，但是一些安全隐患也是不可避免的。如果网络出现漏洞，那么就必然会造成会计信息的泄露，有些竞争企业甚至会运用黑客对其他企业的会计信息进行窥探，最终必然会造成企业的经济损失。同时，一些企业对会计人员的网络信息安全意识的培养也未加以重视，因此导致未能做好网络系统升级与防火墙修护。

除此之外，当前很多会计信息化共享平台以用户名、密码作为保护手段，但是这一手段本身是存在安全隐患的，容易受到木马入侵，导致企业很少运用这一平台，这在一定程度上限制了会计信息化的发展。

（2）法律规章制度建设落后

对于会计信息化的发展来说，国家的法律法规是其重要的保障依据，虽然近些年已经颁布了一些相应的法律法规制度，并且在财务纠纷中得到了应用，但是在实际的应用中仍旧存在一些不足。

具体来说，现有的一些法律规章条款不够详细、明确，在实践指导环节未发挥应有的作用。同时，随着云计算、大数据技术的发展，与之对应的法律法规制度仍旧不足，未能有效解决会计信息化存在的问题。因此，这些都给会计信息化的发展带来了不利影响。

（3）会计人员整体素质不高

随着现代化科学技术的发展，计算机越来越普及，会计信息化发展成为企业合理化管理的重要路径，通过计算机对会计信息数据加以处理具有重要的时代意义。这也在一定程度上对会计工作人员提出了更高层次的要求，但是当前的会计工作人员认知水平、能力水平还有所欠缺，无法与当前的会计工作要求相符，这不仅降低了自身工作的效率，甚至还会出现会计数据计算不准确的情况，最后直接影响企业的健康发展。

2. 大数据背景下会计信息化发展的应对策略

（1）完善共享平台，注重信息安全

大数据时代下，共享平台无疑成为今后会计信息化发展的重要趋势之一，为企业的会计核算带来便利。通过共享平台，合作企业可以传输信息与资源，推动资源整合，解决企业之间资源、信息不对称情况。

为了避免风险因素，共享平台的建设需要多方通力合作。第一，政府部门应该提供资金与技术支持。第二，企业之间对共享平台的推动作用持有正视态度，对共享平台的缺点进行补足，让共享平台能够真正推动会计信息化的发展。

除此之外，为了推进会计信息化的发展，企业应该对信息的安全防护予以侧重。一方面，企业要对会计数据采取隔离措施，对数据进行秘钥处理。另一方面，企业应该保证用户认证机制的安全性，通过动态密码、U盾等，避免出现擅自访问问题。另外，企业应该严防黑客攻击与病毒入侵，通过网络隔离、杀毒软件等实施防护，实现对会计信息化数据的安全管理。

（2）完善相关的法律法规制度

针对当前会计信息化法律法规的缺乏，我国政府应该正视这一问题，在对我国会计信息化发展情况有清楚了解的基础上，推进相关的法律法规的出台，让企业在会计信息化发展中真正做到有法可依，受到法律的保护。

但不能忽视的是，除了对会计信息化制定相关法律法规，国家也应该注重信息安全，为会计信息化制造一个安全的环境，从而防范风险，保障国家利益免受损失。

（3）提高会计工作人员的综合素质

在会计信息化的发展中，会计工作人员为主要的参与者，会计人员的综合素质对会计信息化发展有着直接的影响。当前，提高会计工作人员的综合素质，提升他们新时期良好的会计基础与操作能力，是推进会计信息化的重要路径。

要想提升会计工作人员的综合素质，需要做到如下几点：第一，做好会计信息化的宣传工作，提升他们的责任意识，调动会计工作人员的积极性与主动性。第二，提升会计信息化建设的投入，定期对会计工作人员进行教育与培训，建立交流共享平台。第三，制定相应的奖惩机制，明确会计工作人员的岗位职责，提升他们的工作能力。

二、人工智能对会计信息化发展的影响

（一）人工智能简述

随着人工智能的出现，很多学者对其进行了界定，但是至今并未形成一个统一的观点。

将人工智能分为"人工"与"智能"两个部分之后，其定义更容易被理解，前者即人为的；后者在这里特指人类的智能，其包含人的智能行为，如学习、图像识别、解决问

题等，也可指人的内部认知过程，如记忆、知觉等。因此，人工智能就是研究编制能够模拟人的智能行为的计算机程序系统，并用某种物理机器予以人工的实现。

（二）人工智能对会计信息化发展的意义

随着人工智能应用技术的发展，以及传统会计工作人员对未来的担忧，人工智能与会计核算与监督工作的结合成为必然。通过人工智能技术，可以更好地明确会计信息化、智能化未来发展的趋势，更好地帮助会计工作人员完善自己的工作，提升自己的工作效率。

1. 处理会计信息与账目的效率更高

人工智能的运用使基础会计核算更加便利，对信息处理能力增强，如银行业由于金融业务广泛，会产生较多的财务信息与明细。由于这些复杂性，必然需要实行会计信息化，这样可以降低传统会计工作人员的负荷。人工智能的应用，有助于将公司的生产环节、销售信息、供销网络等都录入系统，同时将优化的结果加以呈现与反馈，消除管理层与财务部门的沟通障碍，解决会计信息核算的难题，提升会计工作人员的核算效率。

2. 有助于形成企业会计信息与政府监督机制的联动

在会计监督过程中，事实认定环节尤为重要，这要求企业对会计资料或数据有明确的评判标准，如哪个地方存在问题，哪些需要改进。在传统的会计监督体系下，会计人员需要对企业经营中的总资产、流动与非流动资产、总负债、流动与非流动负债等做出合法、合理的分析，适时了解自己的会计信用等级，明确以往会计监督中的不合理成分等，但是由于工作效率低，往往监督效果差，同时无法与政府监督机制相契合。人工智能的应用在一定程度上防止人为因素的介入对会计监督工作的影响，能够很好地与外部监督机构、政府部门通力合作，从而推进现代企业会计监督的有效实施。

3. 使会计信息得到更好的保障

人工智能是一个庞大的信息化体系，基于人工智能构建会计信息系统为现代企业会计信息数据的安全提供了有力保障。在人工智能下，会计信息更为安全，为会计信息建构了反病毒、反垃圾网络信息，同时能够保障客户信息资料的安全，提供互联网安全解决方案，并为企业配置相关的安全产品，这些都有助于会计信息安全技术体系的形成，更好地保障会计信息安全。

第五章　财务管理基础

第一节　企业财务管理的问题

一、财务管理的基本概念

现阶段，人们普遍认为财务管理就是对公司经营过程中的财务活动进行预测、组织、协调、分析和控制的一种管理活动。还有一种观点认为，财务管理是一种匹配活动。为此，我们可以将财务管理的内涵定义为对公司生产经营过程中的费用进行管理，管理时可以采取计划、控制等办法，它是一种财务活动管理的过程。目前，我国财务管理的主要内容包括五个方面，分别是资本结构控制、资金控制、预算控制、对外投资控制及重大工程项目控制。在现阶段，我们认为财务管理的关键在于对资金流动过程的控制，而对资本结构的控制就成为企业管理控制权的决定元素。

二、财务管理对企业的作用

财务管理对企业的兴衰成败起直接作用，所以西方国家的企业非常重视财务管理的统领性、时效性和控制性等作用。

财务管理影响到企业的各个环节、各种活动的正常开展。财务管理需要进行变革，但怎样变革才能使企业效益最大化是我们必须要考虑的，这需要财务管理能够与时俱进，与企业的发展并进。

财务管理的日益普及更加证明了财务管理的重要性，它在企业管理中具有核心意义。通过精准成本结算、强化风险意识、对财务支出和收入做更加严格的记录、在预算方面不断进步、加强信息化和科技化等手段，可以一步步促进财务管理更加有效。

三、企业财务管理建设的可行性因素分析

（一）有利于避免出现资金滥用现象

资金是企业生存发展的源泉与动力，也是企业业务活动顺利实施的前提条件，资金管理在企业财务管理中的作用不容忽视。通过财务管理建设，可以对资金滥用现象的发生起到一定的控制作用。企业要从自身实际情况出发，选择最为适宜的方式进行筹资，确保资金的充足，并对资金加以合理的分配，以防资金滥用现象的出现。

（二）有利于提升会计信息质量

会计信息质量是企业决策的重要参考依据之一，加强财务管理建设，对于会计信息质量的提升极为有利，可以进一步完善内控制度，严格监督企业领导和财务人员的工作行为，做到相互促进、相互制约。同时，还能够保证财务人员依法行使自身的权利，并积极履行自己的义务。

四、企业财务管理建设中存在的不足之处

（一）企业财务管理与企业战略管理有所脱节

企业要明确财务管理工作的关键目标，提高企业战略发展效益。但是，一些企业在财务管理工作中，仍然采用较为传统的财务管理模式，没有使财务管理工作与企业战略目标融合在一起，出现了严重的脱节现象，进而造成了企业生产经营活动中的财务管理职能没有充分体现出来。同时，企业现金管理、应收账款管理以及财务控制机制的刚性力度存在不足，大量潜在风险乘虚而入，不利于企业的健康发展。

（二）企业财务信息化力度严重不足

在新经济时代的影响下，诸多企业构建了完善的财务信息化管理体系，将会大幅度提升财务管理运作效率。只有构建完善的财务管理系统，才能增强财务管理流程的迅速性与便捷性。然而一些企业的财务信息化，并没有从财务工作过渡到财务管理层面，财务管理模式并没有发生实质性的变化，很难及时了解企业实际的产、销、存等情况，进而无法对企业的生产经营活动进行指导。由于财务信息化不足，在财务管理部门中极容易出现"信息孤岛"现象，无法与企业其他部门实现数据信息的实时共享。

（三）融资难度比较大，存在投资风险

1. 企业在获取资金过程中困难比较多

一些企业会通过银行机构来进行资金的获取，然而银行有着较多的贷款条件限制，企业获得资金的难度普遍提高，一定程度上增加了企业的融资成本。同时，由于一些企业经营规模比较小，缺少较强的借贷能力，再加上资产产权模糊、缺少抵押资产等因素的限制，如果发生违约行为，银行和其他金融机构很难将贷款的本金和利息一并收回，所以银行和其他金融机构的贷款形式、手续比较复杂、烦琐，与借贷条件存在着严重的差距。

2. 企业自身限制性条件比较多，投资能力并不高，存在着一定的风险

一些企业在投资过程中，没有进行深入的调研工作，也没有对项目投资的可行性进行科学论证，过于强调短期目标，缺少科学的财务预测、决策预算及分析，投资信息的准确性难以保证，资金链条断裂的现象经常发生，稍有不慎，将会造成巨大的投资风险。

五、市场经济下企业财务管理所面临的挑战

（一）财务管理目标多元化、难度增加

市场经济的发展给企业带来巨大的挑战，迫使企业不得不在许多方面取得进步和革新。作为企业管理中比较重要的财务管理，当然会面临着多种困难，这主要体现在财务管理内容的增加和任务的增重。现行的财务管理方式，越来越难以保证财务管理工作的完美展开。

企业的发展使企业的经营范围和活动领域不断扩大，这些都促使企业在不同的发展阶段采取不同的财务管理办法，只有这样，才能为企业的管理提供保障。要想充分发挥财务管理的作用，就必须使其适应市场经济发展的大环境以及企业发展阶段的独特性。

（二）财务资源配置科学性有待加强

各个企业在财务资源配置上总会出现一些问题，比如融资、筹资方面的问题，其中渠道不通造成的资金不足问题最为明显，这会使企业缺乏足够的资金用于扩大生产。资金的缺乏当然会影响财务资源配置的科学性，进而导致企业难以扩大生产，难以取得长久的、可持续性的发展。

（三）财务管理趋向信息化有待加强

信息化高速发展的中国对企业中的财务管理提出了一系列的新要求、新任务，但很多

企业在财务管理方面还停留在过去传统的财务管理体系中，难以做到与时俱进，不愿意接受时代的变化进行改革，因此难以符合现代信息化社会的要求，难以迅速获取准确的信息。

我国的企业管理人员较多、岗位重复，这些因素导致了财务管理的权责不明确，出了问题找不到直接负责人，影响了财务管理的灵活性，也影响了财务信息的接收和分析，使信息接收水平不高。

大多数企业中的财务管理人员，没有接受过严格正规的岗前培训，对财务管理没有正确的认识，他们对财务管理信息化不了解，难以按照现代化的要求进行工作，使财务管理工作信息化的效率不高，作用难以完全发挥。

目前，加强财务管理建设是企业各项管理工作的重要环节，在企业发展中占据着极其重要的地位，已经成为企业内部普遍关注的焦点性话题。企业要想更好地适应变化多端的市场竞争环境，就必须高度重视财务管理这一问题，不断提升财务管理运作效率，在企业内部创建氛围浓厚的财务环境，并为企业提供更加良好的利润空间，为企业的发展注入强大的生命力。

第二节　财务管理目标

一、企业财务管理目标研究现状

究其发展历程，财务管理目标众多。当今关于财务管理目标的探讨，股东利益最大化和相关者利益最大化是最主要的两个观点。股东利益最大化观点的出现，早于相关者利益最大化。

股东利益最大化是指管理层应该努力通过财务上的合理经营，为股东带来更多的财富。资本是企业中最重要的要素，管理者应该尽最大努力为股东赚钱，以增加社会价值。著名学者哈耶克曾指出，为股东赚钱与履行社会责任是可以并存的。只有把股东利益放在第一位，才能使社会福利最大化。股东利益导向的公司财务模式和理论，被批评为对企业员工、顾客、环境等利益相关者的利益不够重视，从社会学和经济学的角度来说不负责任。

随着知识经济和科学技术的迅猛发展，资本以外的其他要素对企业而言越来越重要，股东之外的其他利益相关者的地位也有所提高。有学者认为在这种情况下，从可持续发展的角度而言，企业只关注股东利益已经与社会经济发展要求不相符，应予以改变。企业财务管理目标应当考虑包括股东在内的所有利益相关者的利益。他们认为，以相关者利益最大化作为企业财务管理目标，取代之前的股东利益最大化目标，可以有效弥补股东利益至上而忽略其他相关者利益的不足，符合企业长期可持续发展的要求。然而，随着研究的深入，也有众多学者对兼顾所有相关者利益的相关者利益最大化观点提出质疑，认为相关者利益最大化治理模式实际上是将股东利益最大化的负外部性内部化到公司治理中，在现实条件下存在明显不足。首先，利益相关者利益定位不明确；其次，利益相关者间利益有冲突，难以实现利益最大化；最后，利益的分配难以量化，不具有可操作性。

财务管理目标是企业财务理论的重要内容，一定程度上决定了财务管理的组织、原则及其方法体系，直接影响着企业的实际财务管理活动。不同财务管理目标对企业财务管理运行机制产生不同的影响。因此，企业需要明确界定合理的财务管理目标，从而进一步优化企业的财务管理行为，实现财务管理活动的良性循环与发展。

二、企业财务管理目标的特征

（一）阶段性与层次递进性

企业财务管理目标的确定并不是一成不变的，企业的财务管理目标会随着企业规模和发展阶段的变化而变化。因此，财务管理目标具有一定的阶段性，表现在不同时期理论界的不同观点；而每一种观点在其特定的发展阶段都具有一定的科学合理性，并随着外部环境的变化而不断演进发展，因此财务管理目标具有一定的层次递进性。

（二）对企业目标的依从性

财务管理属于企业经济管理活动的一个重要组成部分，因此财务管理目标应依从于企业目标的确定与实现，企业财务管理目标与企业目标应具有一定的依从性。

目前，企业目标主要归结为生存、获利与发展，企业财务管理目标应依从于企业目标，最终实现企业的持续健康发展。

（三）相对稳定性

尽管企业不同发展阶段的财务管理目标有所不同，但企业不能随意调整财务管理目标，需要保证财务管理目标具有相对的稳定性，否则将无法科学引导企业开展财务管理活动，达到预期的财务管理目标。这也是企业科学界定财务管理目标的重要意义所在。

（四）可操作性

目标具有一定的可操作性才能更好地达到实现目标的要求，因此企业财务管理目标的界定应具有一定的可操作性，通过引导企业财务管理活动实现其预定的财务管理目标。现实中财务管理目标可以有很多种，但并不是所有的财务管理目标都能够被理论界与实务界接受，关键在于其是否具有较好的可操作性。

三、企业财务管理目标具体类型的形式

（一）追求利润最大化

企业设立的目的就是赚钱，利润是企业的生命线。将利润最大化作为企业的财务管理目标，符合企业设立的基本目的。对投资者和利益相关者来说，利润事关其根本利益，利润最大化对他们都是有利的。对企业来说，利润是企业在竞争中求得生存和发展的基本条件，企业赚取的利润越多，表明企业发展经营得越好，抵御风险的能力越强，赚得越多越接近企业的发展目标。对社会发展来说，表明企业为社会增加了巨额财富，对社会的发展和进步是有利的。

（二）追求企业价值最大化

企业价值最大化管理目标是指企业采取最佳的财务政策，合理经营，充分发挥财务管理作用，促进企业长期稳定发展，不断提高盈利能力，实现企业资产总价值最大。企业价值最大化是长远目标，它既考虑了投资者投资价值的变化，也考虑了短期利润中未能反映而又对企业长远发展影响深远的因素；既反映了股东对公司的期望，也反映了外部对公司的评价；同时还与财务管理的短期目标及整个社会的经济目标进行了较好的结合，赋予企业生产经营和财务活动更广阔的视野，产生更深远的影响。

（三）股东财富最大化管理目标

现代股份制企业是由若干处于竞争合作关系的股东按照契约关系形成的集合体，股东对企业投资，成为所有者，目的就是获取更大利益。股东都希望企业成功经营，实现自身利益，但利益需求不同存在竞争与对抗，使得企业财务管理很难具有一致的目标。但毕竟股东是企业资本投入者，承担的风险最大，而且股东的利益相较于其他利益相关者是最后得到满足的，实现了股东利益最大化，也就是事实上保证了其他相关利益集团的利益。因此，在财务决策中，财务管理需要以股东利益最大化为目标。

（四）追求企业可持续发展能力最大化

企业可持续发展能力最大化目标要求企业财务管理要以人为本，同以物（利益）为中

心的观念比较而言，更加注重人力资本投资，培育企业长期持续发展的能力，实现企业的可持续发展。企业可持续发展能力最大化不单纯是一个量的概念，同时具有潜在的获利能力、职工生活质量的提高、社会生态环境的改善及资源的优化配置等多方面质的含义。

第三节　财务管理的基本原则

一、财务管理的特殊性分析

（一）不可简单性地节约支出

财务管理的特殊性之一就在于，不能够简单地将财务管理看作是节约支出方式。受到传统财务管理理念的影响，一般将财务成本核算看作是财务管理，使得财务管理过程中相关管理人员普遍以节约支出作为财务管理的主要方式，试图通过此种方式来维护企业的经济效益。但在当前市场经济条件下，经济利润并不是唯一的财务管理目标。由于市场环境复杂并且具有动态化特征，无论是在产品价格方面还是在产品周转方面，都促进了节约支出向节支降耗转变，旨在维护企业的成本效益，从而改善财务管理成效。

（二）并非单一化的财务部门管理

当前财务管理中普遍存在重财务部门管理而轻部门协调联动的情况。实际上财务管理的特殊性就在于，其并不是单一化的财务部门管理，而是需要多个部门的协调配合，围绕战略目标出发，以信息技术为支持，落实财务管理，科学控制成本与风险，从而维护企业的收益。

（三）不可忽视其他管理工作

财务管理是一项重要的管理工作，但与此同时，不可忽视其他管理工作的协调性，这直接关系着企业价值的体现及战略目标的实现。对于企业来说，无论生产、营销还是质量管理，都是企业发展过程中的重要内容，要全面把握企业发展的现实情况，在日常管理中实现财务管理与其他管理的协调配合，从整体上提升企业财务管理水平。

二、财务管理的本质特征

就企业经营发展的现实情况来看，财务管理实际上就是一种资金运动，也可以称为一种价值运动。财务管理是以资金为对象所开展的筹集、运用与分配等活动，通过资本运作来提升价值，维护企业的综合效益。财务管理致力于实现利润最大化，确保股东财富目标得以实现，促进企业价值实现不断增长，降低企业资金风险，并且为企业的持续健康发展提供有力支持。

三、财务管理的基本原则

（一）系统原则

财务管理的落实，要遵循系统原则，就是要立足企业发展现实需求来开展综合分析，注重系统优化，围绕财务管理目标出发开展财务管理，确保财务管理系统的整体性，通过系统价值的发挥来为财务管理服务。

（二）弹性原则

在现代经济形势下，市场运行环境复杂，导致财务管理面临着复杂的形势。企业要想逐步提升市场竞争能力，就必须遵循弹性原则开展财务管理，从而更好地应对市场变化，推进财务管理工作的高效开展。

（三）货币时间价值原则

一般情况下，商品通过货币形式来展现价值。在现代市场经济条件下，商品的支配主要依靠货币来实现，而从货币价值与商品支配的关系来看，现在货币价值与未来货币价值相比要明显处于较高水平。对于企业来说，若想持续创造价值并获得收益，就必须落实财务管理，遵循货币时间价值原则，合理配置货币资金，在不同时间点下，为保证货币换算的准确性，就必须确保所换算的时间点是相对应的，从而确保财务管理工作能够得到规范开展。

（四）资金合理配置原则

资金是财务活动中的核心和关键，无论是资金筹集、利用还是分配，都必须遵循合理配置的原则，这也是财务管理的基本原则，关系着企业的经营和发展。一旦资金配置的科学性不足，极易影响企业资金链的正常运转，严重情况下可能会导致企业无法购进材料与设备、无法偿还银行贷款等，这就会在一定程度上加剧企业财务风险，甚至会对企业的发展形成制约。对于企业财务管理来说，资金合理配置原则是一项基础性原则，能够实现资金的最大化利用，从而为企业经营发展提供可靠的资金支持。

（五）收支平衡原则

企业经营过程中的收支，一般以财务指标和数据测算作为主要方式，在确定收支平衡点之后，面对复杂的市场环境，采取可行的财务管理方式，保证财务管理系统运行的稳定性与可靠性。在这一过程中，要注重收支平衡系统与风险预警系统的构建。在制订财务管理方案的基础上，要结合指标偏离情况建立修正方案，合理调整企业财务管理方式，促进企业经营战略的优化，为企业发展战略目标的实现奠定良好的基础。

（六）成本、效益、风险权衡原则

在现代市场经济环境下，成本、效益与风险都是企业财务管理过程中必须要重视的内容，关系着企业的经济效益与运营风险。就现实情况来看，大部分企业都试图通过低成本与低风险来获得高效益，但实际上成本、效益与风险之间存在着密切的联系，只有当三者之间达到一种平衡状态时，才有助于财务管理目标的实现。也就是说，财务管理工作的开展，要明确相对固定的某种条件，围绕这一条件出发来优化配置资源，从而采取可行的财务管理策略。一般情况下，当风险一定时，通过财务管理来优化配置成本以获得较高的收益，当收益一定时，通过成本控制或者风险控制来推进企业持续经营发展。

通过以上研究可知，企业可持续发展过程中，必须要落实财务管理，这就必须要对财务管理的特殊性形成正确的认知。在明确财务管理本质特征的基础上，遵循财务管理基本原则，有侧重点地落实财务管理，提升财务管理水平，切实提升企业市场竞争能力，促使企业更好地适应市场环境，逐步实现稳定有序发展。

第四节　财务管理的作用

一、制约财务在企业管理中的地位和作用的因素

（一）日常操作不规范，工作落实不到位

目前，很多企业的财务工作都存在各种问题，比如科目滥用、信息失真、账目不清、手续简化等。更有私设小金库、虚假记载，不定期对库存现金进行盘点，会计凭证和账目核对不准，财务人员监管不力等问题，造成了账证不符、账实不符的现象普遍存在。

（二）财务管理职责混乱

由于企业自身的原因，很多企业的财务监管人员不能独立行使自己的监督权，对企业财务工作中出现的种种问题，财务监管人员无法做到有效地监管，导致财务工作中很多漏洞无法被发现和更正。财务监管人员监管不到位，管理人员管理不当，企业的财务管理职责混乱导致企业的管理出现恶性循环。

（三）人员设置机构不合理

随着市场经济环境下经济知识的不断更新换代，很多企业在内部的机构设置上出现了问题。企业财务人员也缺乏相应的专业素养，并且理财观念滞后，缺乏一定的主动性和创新能力。

二、确立财务管理在企业管理中的中心地位

（一）盘活存量资产，处理沉淀资金，加强资金流动性

目前我国企业资金闲置现象比较普遍，一方面是由于企业存在很多无用材料和设备，另一方面企业贷款较重，在资金的运用方面有待改善。针对这一问题，企业应当每年集中进行盘查，列出积压清单，及时列出报废资产，并尽可能地将报废资产转为货币资金。

（二）编制资金使用计划，加强资金平衡工作，充分发挥资金调度作用

一方面，企业为了维持正常的运作，要对资金进行合理分配。企业要采取适当的措施进行资金的统一安排，根据任务的轻重缓急合理安排工作顺序。另一方面，企业要安排财务部门将各部门的用款计划进行呈报，确保资金的合理使用。

（三）人才管理是确立财务管理中心地位和作用的前提

人才是十分重要的发展动力。对企业的财务管理而言，领导干部必须具备一定的财务管理素质，要加强对财务管理相关知识的学习，比如税收、金融、财务等法律法规，同时还要重视财务管理，积极参与财务管理活动。财务干部也要及时参与企业的经营管理和重大决策，不断学习财务管理理论知识，树立终身学习的理念。

随着市场经济的发展，企业财务管理的作用越来越重要。我国企业的财务管理中存在

诸多问题，比如日常操作不规范、工作落实不到位、财务管理职责混乱等，企业应当通过盘活存量资产、处理沉淀资金、编制资金使用计划、重视人才管理等方面来加强企业的财务管理，让财务管理发挥更重要的积极作用，促进企业的持久发展。

三、财务管理在企业运营中的作用

（一）生产经营

随着我国市场竞争压力的增加，企业在生产经营过程中会遇到各种问题，其中成本的浪费和资金的流失对企业而言是致命的，对于财产风险的把控不足，会导致企业亏损或倒闭现象。财务管理在企业运营中具有风险掌控的作用，帮助企业进行风险分析和控制，提高企业在市场变化中的生存能力。财务管理不仅可以实现企业市场竞争中的财务风控能力，还能减少企业的投资成本，实现企业利润最大化，扩大企业的市场营销范围，提高生产销售总值。科学的财务管理方式，还能够提高资金的周转速度，通过借贷和运营的结合，为企业的市场竞争提供决策信息，强化企业资本结构的稳定性和合理性。财务管理从根本上减轻企业资金上的困难和负担，通过专业的科学化成本分析计算，结合企业自身的现状，为企业进行合理的资本结构转化，降低财务风险，提供企业的总利润值，增强企业的科学决策能力。

（二）企业管理

财务管理不仅能提高企业生产经营的能力，提升企业的利润值，还能够提高资金的利用率。企业的发展离不开资金的管理，在投资效益的分析过程中，如何通过财务管理将企业投资成本降到最低，是保障企业持续性发展的关键。在财务管理部门，需要进行人员的评价考核，对其专业性进行考察，确保企业在财务管理中的专业化标准。在财务管理工作中要加强对财务人员的考核评定，建立完善的评价机制，对企业管理人员更要监督约束，加强对企业资金的管制，防止出现企业资金无故流失的现象。管理财务就是管理企业，财务是企业发展的命脉，因此加强企业的财务管理，实现企业资金成本控制的多元化管理，针对企业发展现状和市场变化进行资金投入，可以保证企业管理的健康稳定。

第五节 新时代背景下财务管理的意义

一、新时代背景下财务管理的理论结构分析

(一) 财务管理理论结构概述

财务管理理论是在之前财务管理实践的基础上进行归纳和总结，然后在实践中加以发展、再总结，得出系统化、科学化、合理化的财务管理指导思想，继而发展成为一套理论。财务管理理论可以使财务管理工作更具有科学性和有效性，以发挥财务管理工作的最大作用。财务管理理论结构是指财务管理包含的几个大的方面，这几个大的方面的重要性的先后顺序，以及这样排序的标准。

(二) 财务管理理论结构的构建

1. 财务管理理论的基础

财务管理理论的基础，主要是指财务管理环境、财务管理假设、财务管理目标这三者之间的关系和发展状况。财务管理环境是进行财务管理工作的逻辑起点，一切的财务管理工作都是围绕这个出发点开始的，也是以它为基础开展一切工作的；财务管理假设主要研究财务的主体以及市场投入产出之间的比例，是构建财务管理理论结构不可缺少的组成部分；财务管理目标是指开展财务管理工作将要达到的目标或者目的，是在财务管理环境和财务管理假设的基础上建立的，对涉及财务管理的业务具有导向作用。财务管理目标既是对财务管理环境和财务管理假设的总结，又可以指导财务管理工作的开展。目前，我国实行的市场经济，使财务管理理论所承担的压力变大了，能对市场经济下的资金进行合理的分配和支出，能够实现经济效益最大化。

2. 构建财务管理的基本理论

财务管理工作的开展需要遵循一定的原则和方法。财务管理的内容、财务管理的原则、财务管理的方法都是财务管理的基本理论，从这三个方面入手，可以保证财务管理理论的科学性和合理性。财务管理工作主要是针对企业筹资、投资、营运及分配等方面开展的。财务管理原则可以有效地约束财务管理工作的行为，可以使财务管理理论更加科学化、系统化。把财务管理的内容与财务管理的目标联结在一起，能够提高企业决策的正确性。

3. 建立财务管理通用业务理论

财务管理通用业务是指一般企业都具有的财务管理工作，属于比较大的范围。在财务管理通用业务中可以对企业的筹资、投资、营运等业务进行系统的总结和研究，可以指导财务管理向着正确的方向发展，可以为财务管理理论的建立提供强有力的事实依据，可以提高财务管理理论结构的科学性。财务管理理论结构的建立，实际上是为财务管理工作提供一个比较大的框架，任财务管理工作者在这个框架里发挥，也为企业的财务管理中的资金支出情况做了系统分配，从而确保财务分配上存在着一种"公平性"。

综上所述，财务管理理论结构为企业财务管理工作的开展提供了强有力的理论依据，同时财务管理理论结构的建立也受到多方面因素的影响和制约。但财务管理理论在我国财务管理工作中具有很高的地位，因此要形成一套逻辑性强、科学化、系统化的财务管理理论，以确保我国财务工作开展的正确性和有效性。

二、新时代背景下财务管理的价值创造

（一）财务管理的价值创造

财务管理的价值创造是通过一系列财务管理活动，为企业创造价值，以期实现企业价值最大化。财务管理在企业价值创造过程中扮演着诸多角色，可以直接创造价值，可以以支持辅助的方式间接创造价值，还可以保护企业现有价值不受损害。

1. 价值创造

财务管理可以通过多种方式来实现价值创造。一是通过投资、享受政府优惠补贴政策、开展理财活动等财务活动，直接为企业增加现金流或获取收益；二是通过统筹运用各项资源、集中管理资金、统一结售汇、税务筹划等方式，降低各项成本。

2. 价值促进

财务管理可以通过辅助支持企业的各项价值创造活动来促进企业价值的提升。一是通过预算管理，合理配置企业资源；二是通过评价考核、薪酬激励、奖励惩罚等措施的执行，促使企业价值创造机能有效运行；三是进行财务分析，供管理参考、为决策服务，协助各项价值创造活动有序高效地开展。

3. 价值保护

财务管理还可以采取财务措施保护企业价值不受损失。一是通过内部控制手段，防范企业潜在风险，实现企业价值保值；二是通过财务审计，规范企业财经秩序，防止企业价值受到损害。

（二）财务管理的价值创造能力

1. 含义

价值创造能力是指创造企业价值的主观条件的总和，是实现企业价值最大化目标的能力。财务管理价值创造能力是指通过财务管理手段为企业创造价值的能力。

2. 影响因素

影响财务管理价值创造能力的因素包括以下几个方面：

（1）人员

财务管理工作具体是由财务管理人员执行的，财务管理人员能力越强，财务管理工作更能实现其价值创造的目标。

（2）制度

制度体系的建立，使财务管理价值创造活动有制可循、有章可依，有利于规范其价值创造活动，提高价值创造工作的效率及质量。

（3）流程

完善、高效的流程，可以解决相关管理要素不能得到有效利用的闲置浪费，使管理有序，充分发挥财务管理的最大效率，为财务管理价值创造活动助力。

（4）方法

先进科学的管理方法能保证财务管理在价值创造活动中实现管理功能，保证其发挥应有的作用，因此财务管理方法对企业充分发挥财务管理的价值创造作用影响很大。

（5）环境

财务管理环境是指对企业财务活动产生影响作用的企业各种内部和外部条件。企业的财务管理活动离不开财务管理环境，财务管理环境必然影响财务管理活动。

（三）提升财务管理价值创造能力的几点建议

企业应围绕创造企业价值的目标，提升企业财务管理的价值创造能力。

1. 提升财务管理人员的价值创造能力

一是树立价值创造理念。仅是形式上有人去做财务管理工作是绝对不行的，必须将价值创造的理念深入参与财务管理的每一个人心中。财务管理人员首先应该改变自身理念，只有认同财务管理企业价值创造者的角色，才能真正通过意识和理念去指导实践，以实现价值创造的目标。

二是提升财务管理人员的专业素质，培养企业所需的复合型人才。学习并不断更新财务管理方面的政策和知识，提高业务素质；加强对企业业务、流程、部门架构等的了解，加强沟通与协作，储备较为全面的综合知识，以便更好地为企业价值创造机制服务。

2. 建立以价值创造为导向的财务管理制度体系

一是完善制度。在价值创造过程当中，想要财务管理工作高效地创造价值，就必须将原有的财务管理制度进行梳理，从价值创造的角度对原有制度进行评估、修改及补充，将价值最大化的企业目标体现落实到相关制度中。

二是建立制度体系。以价值创造为导向的财务管理制度体系应分为几个层次，最底层是具有操作性的实施细则，第二层是具有指导意义的管理办法，最高层是财务管理的价值创造总纲领。

三是用文字记载。相关规章制度应以文字方式形成文件，确保制度的约束性、严肃性和引导性，使财务管理价值创造活动有所依据。

3. 改进财务管理流程

将财务管理与业务流程相结合，让财务部门和财务管理人员全面参与到整个价值链流程中，将管理措施融入企业各生产经营环节，从价值创造的角度，帮助各业务部门、经营环节做出事前的预测规划、事中的监督控制、事后的评价等，实现企业价值链上的财务协同，为企业价值创造提供全面支持。

4. 应用现代管理方法

借助信息技术、互联网，可以增加沟通、及时获取相关政策制度、及时处理财务及经营信息、实现多维度数据统计等，有利于在提高财务管理价值创造活动效率的同时减少或避免差错，切实保证财务管理价值创造活动的质量。

根据企业实际，采用各类先进科学的管理方法。例如，财务分析中常用的杜邦财务分析法，从净资产收益率出发，对影响该指标的因素进行层层分解，通过这种财务分析方法帮助企业及时发现经营中存在的问题，更好地辅助企业创造价值。再如，预算管理实践中比较有代表性的全面预算管理法，以提升企业价值为目标，通过价值驱动因素配置企业资源，使低效资源加快流转，发挥资源使用效益，同时将价值管理导向贯穿预算管理的执行、分析与控制全过程，促使企业价值不断提升。

5. 营造财务管理价值创造的环境

形成财务管理的价值创造文化，充分发挥其应有的作用，创造并保持财务管理人员参与价值创造的内部环境。财务管理的价值创造文化是财务管理价值创造目标与财务管理人员的纽带，把从事财务管理的人员团结起来，形成巨大的向心力和凝聚力。这种从内心产生的效应，足以胜过任何规章制度和行政命令。

企业在提升自身财务管理价值创造能力的过程中，应关注提升的效果，对于未达到或偏离了原有目标的应及时调整，同时还应注意克服认知惰性，适时主动地根据企业实际情况，对提升财务管理价值创造能力的方式、方法予以修正，只有这样才能真正地提升企业自身的财务管理价值创造能力，达到提升的目的，实现提升的效果。

三、财务管理环境变化对现代财务管理的影响

（一）财务管理环境变化的内容

1. 企业发展模式方面

财务管理环境在变化的过程中，会在很大程度上引发企业发展模式的变化，而发展模式的变化不仅对企业核心的构建有着重要的影响，还对企业财务管理的开展有着重要影响。企业财务管理中涉及很多方面的内容，如资金管理、预算控制及风险规避等，因此，当企业发展模式受到财务管理环境变化而发生改变的时候，企业财务管理部门就需要对这些内容进行重新部署与安排。只有通过这样的方式，才能进一步顺应企业发展模式变化的需要，对财务管理工作的开展提供有利的条件。

2. 金融全球化方面

金融全球化对企业融投资的开展有着重要的意义和影响，不仅为企业融投资提供了更多的选择机会，还间接地丰富了融投资的形式和内容。在财务管理环境变化的过程中，企业财务管理部门会根据金融全球化的发展现状对融投资环境做进一步的分析与研究。同时，还会对融投资中涉及的风险问题做进一步的控制和防范，从而确保融投资的安全，而财务管理工作的开展也会间接发生改变。

3. 经济信息化方面

随着经济的不断发展，国与国之间的交流和联系更加密切，经济全球化的趋势已经愈演愈烈。随着经济全球化的发展，以跨国服务和商品为主要经营对象的跨国公司也广泛兴起。跨国商品和服务的产品流通模式和形式，与传统经济有着很大的差别。经济技术也有着很多的变化，急需财务管理模式采取相应的方式。而经济信息化的发展，是财务管理环境变化的重要部分之一，其以互联网技术和电子计算机技术为基础，通过信息的共享和技术的沟通，已经对经济运行的模式产生了巨大的影响。

（二）财务管理环境变化对现代财务管理的影响

1. 资产评估体系构建方面

资金的平稳运行对企业发展与财务管理工作的开展有着重要的意义，而资产评估体系的构建在很大程度上推进着财务管理水平的提升。很多企业在进行财务管理的过程中，会将重点内容放在知识资本的评估与管理方面。对于资产评估中存在的难点问题，相关管理

团队也能根据实际情况，对相应的会计核算工作以及评估工作进行优化处理。

但是在实际资产评估的过程中，很多管理团队没有按照规范的计量模式或核算方法进行相应的工作。而这种情况的出现对资产评估的价值分析与评价有着一定的影响。在财务管理环境变化的引导下，相关管理团队能够进一步提高对资产评估的重视与研究，并根据实际财务管理环境的变化情况，对企业现金流量计量及管理模式等进行优化，制订出有利于企业财务管理的计价方式，推进资产评估体系的构建。

2. 财务管理网络优化方面

由于互联网时代的发展及电子计算机技术的推广，很多行业在发展的过程中都会将先进的网络技术及电子技术等应用其中，在顺应时代发展需要的同时，促进行业的平稳发展。各企业的财务管理模式也会受到财务管理环境变化的影响而发生改变，而将网络技术及电子计算机技术应用到财务管理网络系统建设中，逐渐成为企业发展中的重要内容。合理应用网络及电子计算机技术，不仅能够有效控制财务管理工作中存在的问题，还能进一步提高财务管理的质量与效率。

比如，财务管理过程中会涉及很多的数据和信息计算及核对工作，但是相关工作人员在计算和核对的过程中，会受到某些因素的影响而出现问题。而合理应用网络技术就能够在很大程度上降低这类情况出现的概率，同时还能间接提高信息核对及数据计算的准确性，为财务管理工作的开展提供有利条件。另外，对财务管理网络进行建设与优化，还能实现企业资源的合理配置，提高企业信息共享的效率和价值，对财务管理人员积极性的提升也有着重要的意义和影响，因此需要企业相关财务管理团队提高对网络建设的重视。

3. 财务管理内容变化方面

除了上述两点内容外，财务管理环境的变化还会对财务管理内容产生影响。由于各企业财务管理的效率和质量会随着国家经济环境的变化而变化，企业要想保证财务管理工作的顺利开展，就要求财务管理相关管理团队根据经济环境实际变化情况，对相应的财务管理内容进行更新与优化。

财务管理环境的变化与经济全球化的发展有着密切的联系。近年来，随着很多大型跨国公司的出现，相关的融投资行为也成为普遍现象。而融投资模式的出现，不仅间接地提高了企业的经济水平及筹资的效率，而且还带动了计算机技术的应用与推广。融投资方法变得多样化，财务管理内容也变得充实起来。

另外，在财务管理内容发生变化的同时，一些跨国公司还会将新型的投资方式应用到实际的工作中，这不仅给企业发展提供了更多可参考的依据，还间接地促进了企业财务管理模式的创新与升级。虽然企业财务管理会受到一些因素的影响而出现风险问题，导致投资效率下降。但是，财务管理内容在改变的过程中，会间接优化企业受益模式和管理内容，能够在一定程度上规避风险，提高财务管理质量，对企业经济水平的提升有着重要的意义和影响。

4. 财务管理理念革新方面

在经济全球化、金融全球化、信息化、知识资本化等经济环境的影响下，财务制度也应当从财务管理理念、财务管理内容、评估系统的构建、电子网络系统的构建等方面进行适当的调整和革新，以适应日益变化发展的经济形势，提高财务管理效率。财务管理环境主要包括经济全球化、电子商务化、企业核心重建等部分，面对这些环境的变化，财务管理也必然要做出一些调整，以适应大环境的发展。

受当前财务环境的变化影响，现代财务管理必须适时进行变革和创新。

首先，在财务理念和理论构建上，应当重视工业经济和知识经济的全面发展，使其在保证经济增长的基础上，还能从技术层面和资金管理层面实现对企业财务管理的优化。也就是在传统财务管理工作的基础上，优化资金使用效率和风险规避制度，确保企业管理者能够正确地决策和投资。

其次，企业应当积极促进财务管理创新。因为企业财务管理工作的目标是发挥资金的最大效用，并且能够最大限度地降低风险。而企业人员关系的协调和生产能力的激发又能够从根本上提高企业的效益，所以在财务管理上，应当将人员关系优化与财务创新相结合，在优化人员管理制度的基础上，实现财务关系的协调和创新。

第六章 财务管理的创新理念

第一节 绿色财务管理

一、绿色财务管理概述

（一）绿色财务管理的内容

1. 绿色财务活动

它在原有的财务内容中增加了环保和资源利用两个要素，它规定相关的主体在开展财务工作的时候，不单单要将经济效益考虑在内，还要将资源的全面利用及消耗能力、生态的受损程度以及恢复所需的资金等考虑在内，它更加重视社会的长远发展。

2. 绿色财务关系管理

绿色财务关系管理是在原有对出资人、债权人、债务人、供应商、买家、政府、同行等财务关系管理的基础上，增加了对资源关系、环境关系的管理内容。具体来讲，在开展新项目的时候，除了要做好和环保机构的沟通工作以外，还要联系资源部门，这样做的目的是保证新项目在新的状态之下不会有较为严重的问题产生，否则就会导致资源受损，无法被永久利用。

（二）开展绿色财务管理的意义

1. 带动财务管理工作的进步

我们都知道，作为一种科学体系，财务管理工作并不是一成不变的，它是会伴随社会的发展而一直进步的。当相关环境改变了，与之对应的各种系统及体制等都会随之改变，只有这样才能够适应新的发展态势。当今社会，资源的总数只会减少，并不会增加，因此为了长久地发展，就必须开展绿色管理。

2. 促进社会和谐发展

我们人类在这个世界上已经存在了数千年，出于自身生存和发展的需要，我们需要一直开展各种活动，而各种活动的最终目的都是获取利益。由于人的总数在不断地增加，虽说一个单体的活动可能不会对资源及生态产生负面效应，但如果是几亿人共同活动呢？后果可想而知。所以，为了避免生态继续恶化，为了我们的子孙后代能够更好地生活在这个世界上，就要开展资源和生态保护工作。在这种背景之下，我们就必须开展绿色管理。

二、加强绿色财务管理的措施

（一）加快对环境、资源等产权认定的研究步伐

虽然对环境、资源等的产权认定很难，但是，在人类社会可持续发展的需要面前，一定要发挥主观能动性，迎难而上，攻坚克难。首先，对绿色财务管理的认识、了解和重视，不应仅仅停留在口头上，更要落实在具体行动中；其次，要加强绿色财务管理研究人员的队伍建设，不仅要培养会计方面、财务管理方面的专业人员，更要培养环境保护方面、资源管理方面的专业人员，以及精算师、数学、地理等方面的专业人员，这是一项浩大的关系人类社会千秋万代的工程；最后，思想上重视了，人员到位了，还需要坚定不移地落实和执行，这项工作漫长而琐碎，任务很艰巨。

（二）加强各国政府间的沟通协作，责任共担，共同发展

在绿色财务管理的推行上，各国政府责无旁贷，加强各国政府间的沟通协作，责任共担，才能共同发展、共同繁荣。首先，要摒弃的就是在环境保护和资源管理方面的从众心理，各国政府都应该认识到绿色财务管理的重要性、政府行为的重要性，加强政府间的沟通与协作，共同履行具有国际约束力的环境保护和资源管理公约；最后，要结合自身实际，灵活制定相关政策、法律和法规，并强制执行；再次，要加强相关的舆论宣传，通过舆论导向引导每一个主体的行为，从而为环境的净化和资源的可持续开发利用提供可能。

（三）健全绿色财务管理的评价体系

健全绿色财务管理的评价体系，需要把评价体系具体细化，增加新的评价指标，并加以量化。但是诸如环境改善带来的幸福指数、资源利用效率提高带来的经济效益等这些指标很难量化。而且，人类对绿色财务管理的认知还在不断进步，这也涉及绿色财务管理的评价体系的后续完善工作。

（四）政府引导，加强对绿色财务管理的执行和监督

政府间的合作共赢在绿色财务管理的推行上固然重要，但是，具体执行和监督涉及每个人、每个企业、每个组织、每个国家等各个主体，所以，政府的引导非常重要。除了政策、法律、舆论先行之外，相关的奖励和惩罚措施也非常重要，具体如何处理，需要相关主体的严格执行和监督到位。

第二节　财务管理信息化

一、信息化建设的重要意义

从管理角度来看，信息化建设在企业财务管理工作中具有重要的实践意义，主要表现在以下四个方面：

第一，信息化在财务管理工作中的应用大大提高了企业财务管理工作水平。特别是信息化的应用，把会计人员的双手从过去繁重的手工劳动中解放出来，会计人员只需掌握信息系统的一些简单操作方式，就可以对财务数据进行计算机录入，必要时还可以进行反复修改，及时进行会计核算，制作各种财务报表。毫无疑问，利用信息化系统完成这些工作，差错率小、可靠性高，提升了财务数据的准确性。

第二，信息化在财务管理中的应用可以有效控制企业成本。成本控制是企业财务管理工作的核心环节，也是企业实现最终盈利的根本保障。利用财务管理信息化建设的先进性，企业财务部门可以全程掌握生产经营中各项大额成本支出的请购、采购、库存和审批等过程，使生产经营中各项大额成本支出的请购、采购、库存和审批等过程在运行中留有痕迹，提高了企业对成本支出等费用的管控能力，降低了各项成本费用指标的超标可能。

第三，财务管理信息化建设使企业的资金管控更为严格。企业的日常经营管理活动是以预算管理为主线、以资金管控为核心而开展的，是以货币计量方式对企业经营活动的资金收支情况进行统计和记录的。其中，在企业项目资金的管理方面，企业是以资金使用的活动情况为核算对象的。如果构建了财务管理工作的信息化系统，企业就可以借助信息化系统对企业资金使用情况进行统筹和预测，降低企业采购与财务之间的往来频率，企业财务人员也能够利用信息化系统了解采购计划的相关信息，有针对性地制订出筹集资金和付款计划，提高工作效率，减少管理漏洞。

第四，财务管理信息化建设提升了企业财务信息传递与交流的时效性。改革开放初

期，人们常常会听到这样的口号："时间就是金钱""效率就是生命"。其实，这两个命题的成立都需要建立在信息的有效传递与交流的基础之上。21 世纪企业之间的竞争，当然也是信息的传递与交流之间的竞争。可以说，在财务管理中进行信息化建设，可以有效整合各部门之间的财务信息和数据，进而借助计算机网络进行汇总、分析、分流和反馈，极大地提高了企业财务信息传递与交流的时效性。

二、企业财务管理信息化建设的发展策略

（一）树立正确的财务管理信息化发展观念

企业财务管理信息化建设是企业实现财务管理现代化的重要前提，是一项以计算机应用技术、互联网应用技术、信息通信技术和"互联网+"技术为基础的复杂的系统工程。这一工程的顺利建设和竣工，需要企业各级领导、各个部门的通力合作、全面支持，不可能一蹴而就。因此，在财务管理信息化建设进程中，企业各级领导和各个部门必须树立正确的信息化发展理念，既不能忽视、漠视、无视财务管理信息化建设对于企业发展里程碑般的重要意义，不积极主动支持信息化建设工作，不积极主动解决信息化建设过程中遇到的问题，也不能操之过急，罔顾企业的技术条件和操作人员的专业化水平，仓促引进、盲目上马，造成财力、物力、人力等的浪费，更不能过分强调、放大财务管理信息化建设的功能，把信息化建设看成是可以解决一切财务问题的万能钥匙。在财务管理信息化建设进程中，企业各级领导和各个部门应本着实事求是、循序渐进的原则，在综合考量企业各方因素、条件的基础上，按部就班、有条不紊地实施信息化工程建设，这样才能为以后信息化建设在企业财务管理中发挥应有的作用奠定良好的技术和管理基础。

（二）加强领导对财务管理信息化建设的重视

21 世纪是信息化时代，是信息化建设大行其道的时代。信息化代表了先进的社会生产力，已经成为当今社会发展的大趋势。21 世纪正在经历一场革命性的变化，世界范围内的信息技术革命将对人类社会变革的方向产生决定性的影响，将在全世界范围内建立起一个相互交融的全新的信息社会。所以，企业要完成财务管理信息化建设，企业领导就要首先对财务管理信息化建设给予足够的重视，身先士卒、身体力行，结合企业的具体发展情况，根据财务管理工作的实际需要，切合实际地制订出具有企业特色的财务管理信息化建设规划。由于财务管理信息化建设资金需求量大，所以如果没有企业主管领导的力挺，信息化建设所需的大量资金是无法悉数到位的。因此，企业领导对财务管理信息化建设的重视是信息化建设取得成功的关键。

（三）加大对财务管理信息化建设的人才培养力度

财务管理信息化建设虽然已经被企业界广泛接受，并且也得到了应有的重视，但是客观地讲，企业中财务管理信息化方面的操作人员和管理人才还相当缺乏。

因为，虽然财务管理信息化建设已经具备了广泛的社会影响力，但是从其发展历程来看，与传统的财务管理方式相比仍然是新生事物，仍然处在摸着石头过河的探索阶段。财务管理信息化建设既然是新生事物，就必然需要大批的专业人士来熟练驾驭它，而从当前企业财务管理人员的整体结构来看，科班出身的人其实是凤毛麟角、少之又少的，高校里面接受过系统学习的专业人才尚未大面积奔赴社会，企业里面的自有人才又如瞎子摸象，对财务管理信息化建设只是一知半解。毋庸讳言，企业财务管理信息化建设所需的专业人才正处于青黄不接的时期。目前所谓的操作系统、管理系统的专业人员，大多是半路出家，在"速成班"里经过短期的常识性培训就"光荣上岗"了，所以，一旦财务管理信息化的操作系统或者是管理系统出现问题，靠企业自身的技术力量是没有办法解决的，企业只能请"外援"前来指点迷津。仅从这一点来看，加大财务管理信息化建设的人才培养力度，对于企业财务管理信息化建设的有效开展和顺利实施是尤为重要的。

（四）注重对财务管理信息化软硬件设施并重的建设

在世界范围内的信息技术革命的推动下，财务信息化已经成为一种必然趋势。在大的时代背景下，企业没有退路，也没有选择的余地，只有认识、接受、建设和发展信息化才是明智的抉择，才不会被信息技术进步的浪潮淘汰出市场格局。企业要强化信息化建设成果，就必须坚持软件设施建设与硬件设施建设并重的原则，绝不可厚此薄彼。硬件设施是信息化建设的先决条件，离开它，企业财务管理信息化建设就无从谈起；软件设施是信息化建设的灵魂所系，没有它，企业财务管理信息化建设就是一潭死水。只有把软件设施建设与硬件设施建设有机结合在一起，让两者同步前进、协同发展，企业财务管理信息化建设才能真正实现其建设的初衷，才能真正做到为企业发展助力加油。

第三节　财务管理与人工智能

一、人工智能技术给财会行业带来的机遇

（一）提高了财会信息的处理质量

无论是财会行业还是审计行业，都必须严格遵循真实性原则，然而我国财会行业并未将这一原则真正落实到位。这主要是因为实际处理财会信息和审计信息过程中，依旧沿用着传统的手工方式进行编制、调整和判断，致使舞弊与错误行为屡见不鲜，所以，为了提高财会信息的真实可靠性，应减少人工处理财会信息的次数，进一步拓展人工智能，从而为财会信息处理的质量和效率提供保证。

（二）促进财会人员有效地工作，节约人力成本

现阶段，我国已经出现了为小企业做账的专业公司，虽然公司领导者对会计记账法与借贷记账法掌握和了解得不是很透彻，但该公司研发的软件可利用电子技术对原始凭证进行扫描，自动生成符合各级政府部门要求的财务报表，这不仅减轻了财会人员的劳动强度，还有效保证了会计核算的实效性；审计部门利用开发的审计软件在提高审计工作效率的同时，还能在深入剖析财会报告的过程中及时发现审计问题，进而采取科学高效的审计手段解决审计问题。

（三）实施完善的风险预警机制，强化财会人员的风险意识

虽然已经有很多企业具备了风险危机意识，但在风险防范和风险发生过程中的决策能力不足。导致这种情况的根本原因在于企业缺乏一套切实可行、健全的风险预警机制，财会人员无法准确判断存在的风险，也不具备风险意识，所以遇到风险问题时往往显得手足无措。首先，由于企业内部资金项目具有繁复性特点，很难顺利地开展纵横向对比；其次，财会人员缺乏较高的信息处理综合能力。因此，利用人工智能技术创建风险预警模型，通过各类真实可靠的财务数据对财务风险进行事先预警，不仅保障了企业资金的运营效率，而且还帮助企业及时找出不足之处，从而创设和谐美好的企业发展环境。

（四）实现了更为专业的财会作业流程

当前，财政部已经将管理会计列入了会计改革与发展的重点方向。过去针对业务流程来确立会计职能的工作模式，不仅会造成会计信息核算的重复性，而且还会影响财务风险预警的有效运行。所以，随着人工智能技术的全面渗透，企业将会对那些只懂得进行重复核算工作的财会人员进行精简，聘用更多有助于自身健康发展的、具备完善管理会计知识的财会人员。

二、人工智能技术在财务管理中的应用

（一）财务管理专家系统

财务管理专家系统涉及财务管理知识、管理经验、管理技能，主要负责处理各类财务问题。为了减轻财务管理专家对财务管理过程的描述、分析、验证等工作的劳动强度，很多企业都将涉及管理技能、管理理念及管理环境的财务管理专家系统应用到财务管理工作中。

人工智能技术在财务管理专家系统中的应用，根据具体的财务管理内容将其划分为筹资管理专家系统（涉及资金管理）、投资管理专家系统、营运管理专家系统（涉及风险管理与危机管理）、分配管理专家系统。这些系统中又涵盖了财务规划及预测、财务决策、财务预算、财务分析、财务控制几方面的子系统。

在对各系统进行优化整合后，财务管理专家系统的综合效用便体现出来了：提高了财务预测的精准度，强化了财务决策的科学性，实现了财务预算与实际的一致性，提高了财务控制效率，财务分析更加细致全面，进一步拓展了财务管理的覆盖面。

财务决策子系统在整个系统中占据重要的比重，而财务决策子系统的顺利运行离不开其他子系统的支持，因此，对这些子系统进行集成后形成了智能化的财务决策支持系统。利用智能化的财务决策支持系统有助于综合评估内部控制与资产分配情况，对投资期限、套期保值策略等进行深入分析后，能使投资方案进一步优化和完善。

（二）智能财务管理信息共享系统

财务管理查询系统和操作系统是智能财务管理信息共享系统的主要内容。通过 Microsoft Visual Studio，NET 对财务管理查询系统进行部署，然后操作系统中的 IIS 服务负责相关发布。将 NET 框架设置于发布平台上，该框架负责运作各个 NET 程序。

为财务管理信息共享提供相应的体系结构，企业会在节约成本的理念下向所有利益有

关方传递真实可靠的关联财务信息。简单举例，随着 B/S 模式体系结构的构建并使用，企业实现了成本的合理节约，促进了各财务信息的及时有效共享，提高了财务信息处理效率。

通过操作系统中的 IIS 来发布财务管理查询系统，企业内部各职能部门只需要进入 Web 浏览器就能及时访问，而企业外部有关使用者只需要利用因特网就能对单位每一天的财务状况予以充分的掌握。

随着智能财务管理信息共享系统的生成并被投入使用，财务管理工作变得更加完善、成熟，同时，在智能财务管理信息共享系统中利用接口技术吸收 ERP 财务信息包，实现了财务管理信息的透明化、公开化，突出了财务管理的即时性。

（三）人工神经网络模型

所谓的人工神经网络，指的是通过人工神经元、电子元件等诸多的处理单元对人脑神经系统的工作机理与结构进行抽象、模仿，由各种联结方式共同组成的网络。人工神经网络从范例学习、知识库修改及推理结构的角度出发，拓展了人类的视野范围，并强化了人类的智能控制意识。

人工神经网络模型涉及诸多神经元结合起来产生的模型，人工神经网络涵盖反馈网络，也可称之为递归网络与前馈网络两个部分。其中，反馈网络是由诸多神经元结合后生成的产物，将神经元的输出及时反馈到前一层或者同一层的神经元中，这时信号可实现正向传播与反向传播。由于前馈网络存在递阶分层结构，因此，同一层中各神经元不可以相互连接，由输入层进入输出层的信号主要以单向传播方式为主，将上层神经元和下层神经元进行了连接，同一层神经元相互之间不能连接。

人工神经网络存在很多类型，比如 RBF 网络、BP 网络、ART 网络等。

其中，RBF 神经网络现已在客户关系管理、住宅造价估算等领域中得到了有效应用；BP 神经网络现已在战略财务管理、风险投资项目评价、固定资产投资预测、账单数据挖掘、纳税评估、物流需求预测等众多领域中得到了有效应用；ART 神经网络现已在财务诊断、财务信息质量控制、危机报警等领域中得到了高效的应用。

随着经济领域和管理领域对人工智能技术的广泛应用，越来越多的学者将研究重心放在了人工智能层面上，而财务管理中应用 BP 神经网络来预测财务状况取得了可喜的成果。因此，BP 神经网络成为现代人工智能应用研究的关键点，而成功的研究经验为财务管理的研究提供了重要依据。

综上所述可知，随着科学技术的快速发展，智能化的财务管理已成为必然，运用智能财务管理专家系统有助于提高财务管理水平及效率。今后的财务管理专家系统将逐步朝着智能化、人性化、即时化的方向快速迈进，可以想象，那个时候的智能财务管理专家将会全权负责繁复的财务管理工作，使财务管理人员不再面临庞大的工作量。出于对财务主体持续发展的考虑，在"以人为本"理念的基础上推行科学化财务管理工作，要在保证财务主体良性循环发展的同时，为各利益有关者提供预期的效益。

第四节　区块链技术与财务审计

一、区块链的概念与特征

（一）没有数据管理中心

区块链能将储存在全球范围内各个节点的数据通过数据链路互联，每个节点交易数据能遵循链路规则实现访问，该规则基于密码算法而不是管理中心发放访问信用，每笔交易数据由网络内用户互相审批，所以不需要第三方中介机构进行信任背书。对任一节点攻击，不能使其他链路受影响。而在传统的中心化网络中，对一个中心节点实行有效攻击即可破坏整个系统。

（二）无须中心认证

区块链通过链路规则，运用哈希算法，不需要传统权威机构的认证。每笔交易数据由网络内用户相互给予信用，随着网络节点数增加，系统的受攻击可能性呈几何级数下降。在区块链网络中，参与人不需要对任何人信任，只需两者间相互信任，随着节点增加，系统的安全性反而增加。

（三）无法确定重点攻击目标

由于区块链采取单向哈希算法，由于网络节点众多，又没中心，很难找到攻击靶子，不能入侵篡改区块链内数据信息。一旦入侵篡改区块链内数据信息，该节点就被其他节点排斥，从而保证数据安全，又由于攻击节点太多，无从确定攻击目标。

（四）无须第三方支付

区块链技术产生后，各交易对象之间交易后，进行货款支付更安全，无须第三方支付就可实现交易，可以解决由第三方支付带来的双向支付成本，从而降低成本。

二、区块链对审计理论、实践的影响

(一) 区块链技术对审计理论体系的影响

1. 审计证据变化

区块链技术的出现，使传统的审计证据发生改变。审计证据包括会计业务文档，如会计凭证。由于区块链技术的出现，企业间交易在网上进行，相互间经济运行证据变成非纸质数据，审计对证据核对变成由两个区块间通过数据链路实现数据跟踪。

2. 审计程序发生变化

传统审计程序从确定审计目标开始，通过制订计划、执行审计到发表审计意见结束。计算机互联网审计要求采用白箱法和黑箱法对计算机程序进行审计，以检验其运行可靠性，在执行审计阶段主要通过逆查法，从报表数据通过区块链技术跟踪到会计凭证，实现数据审计工作的客观性和准确性。

(二) 区块链技术对审计实践的影响

1. 提高审计工作效率、降低审计成本

计算机审计比传统手工审计效率高。区块链技术为计算机审计的客观性、完整性、永久性和不可更改性提供保证，保证审计具体目标的实现。区块链技术产生后，人们利用互联网大数据实施审计工作，大大提高了审计效率，解决了传统审计证据不能及时证实、不能满足公众对审计证据真实、准确要求的问题，满足了治理层了解真实可靠的会计信息，实现了对管理层有效监管的目的。在传统审计下，需要通过专门审计人员运用询问法对公司相关会计信息发询证函进行函证，从而需要很长时间才能证实，审计时效性差。而计算机审计，尤其是区块链技术产生后，审计进入网络大数据时代，分布式数据技术能实现各区块间数据共享追踪，区块链技术保证这种共享的安全性，其安全维护成本低；由于区块链没有管理数据中心，具有不可逆性和时间邮戳功能，审计人员和治理层、政府、行业监管机构可以通过区块链及时追踪公司账本，从而保证审计结论的正确性；计算机自动汇总计算，也保证审计工作的快速高效。

2. 改变审计重要性认定

审计重要性是审计学中的重要概念。传统审计工作需要在审计计划中确定审计重要性指标作为评价依据，审计人员通过对财务数据进行计算，确定各项财务指标，计算重要性比率和金额，通过手工审计发现会计业务中的错报，评价错报金额是否超过重要性金额，从而决定是否需要进一步审计。而在计算机审计条件下，审计工作可实现以账项为基础的详细审计，很少需要以重要性判断为基础的分析性审计技术。

3. 内部控制的内容与方法也不同

传统审计更多采用以制度为基础的审计，更多运用概率统计技术进行抽样审计，从而解决审计效率与效益相矛盾的问题。区块链技术产生后，人们运用计算机审计，审计的效率与效果都提高了。虽然区块链技术提高了计算机审计的安全性，但计算机审计风险仍存在，传统内部控制在计算机审计下仍然有必要，但其内容发生了变化，人们更重视计算机及网络安全维护，重视计算机操作人员岗位职责及岗位分工管理与监督。内部控制评估方法也更多从事后调查评估内部控制环境，过程中运用视频监控设备进行实时监控。

三、区块链技术对财务活动的影响

（一）对财务管理中价格和利率的影响

基于因特网的商品或劳务交易，其支付手段更多表现为数字化、虚拟化，网上商品信息传播公开、透明、无边界与死角。传统商品经济条件下的信息不对称没有了，商品价格更透明了。财务管理中运用的价格、利率等分析因素不同以前；边际贡献、成本习性也不同了。

（二）财务关系发生变化

财务关系就是企业资金运动过程中所表现的企业与企业经济关系，区块链运用现代分布数据库技术、现代密码学技术、将企业与企业以及企业内部各部门联系起来，通过大协作，从而形成比以往更复杂的财务关系。企业之间资金运动不再需要以货币为媒介，传统企业支付是以货币进行，而现代企业支付是电子货币，财务关系表现为大数据之间的关系，也可以说是区块链关系。这种关系减少了不少地方关系。

（三）提高财务工作效率

1. 直接投资与融资更方便

传统财务中，筹资成本高，需中间人如银行等参与。区块链技术产生后，互联网金融得到很大发展，在互联网初期，网上支付主要通过银行这个第三方进行，区块链能够实现新形式的点对点融资，人们可以通过互联网，下载一个区块链网络的客户端，就能实现交易结算，如投资理财、企业资金融通等服务，并且使交易结算、投资、融资的时间从几天、几周变为几分、几秒，能及时反馈投资红利的记录与支付效率，使这些环节更加透明、安全。

2. 提高交易磋商的效率

传统商务磋商通过人员现场交流沟通，对商品交易价格、交易时间、交货方式等进行磋商，最后形成书面合同，而在互联网下，由于区块链技术保证网上沟通的真实、安全、有效，通过网上实时视频磋商，通过网络传送合同，通过区块链技术验证合同有效性，大大提高了财务业务的执行效率。

（四）对财务成本的影响

1. 减少交易环节，节省交易成本

由于区块链技术的运用，电子商务交易能实现点对点交易结算，交易数据能同 ERP 财务软件协同工作，能实现电子商务交易数据和财务数据及时更新，资金转移支付不需通过银行等中介，解决双向付费问题，尤其在跨境等业务中，少付许多佣金和手续费用。

2. 降低了信息获取成本

互联网出现后，人们运用网络从事商务活动，开创商业新模式，商家通过网络很容易获得商品信息，通过区块链技术，在大量网络数据中，运用区块链跟踪网络节点，可以监控一个个独立的业务活动，找到投资商，完成企业重组计划，也可以通过区块链技术为企业资金找到出路，获得更多投资收益。可见，区块链降低了财务信息获取成本。

3. 降低信用维护成本

无数企业间财务数据在网络上运行，需要大量维护成本，如何减少协调成本和建立信任的成本，区块链技术建立不基于中心的信用追踪机制，人们能通过区块链网络检查企业交易记录、声誉得分以及其他社会经济因素可信性，交易方能够通过在线数据库查询企业的财务数据，来验证任意对手的身份，从而降低了信用维护成本。

4. 降低财务工作的工序作业成本

企业财务核算与监督有许多工序，每一工序都要花费一定成本。要做好企业财务工作，保证财务信息真实性，必须运用区块链技术，由于其无中心性，能减少财务作业的工序数量，节省每一工序时间，在安全、透明的环境下保证各项财务工作优质高效完成，从而总体上节约工序成本。

第五节　网络环境下的财务管理

一、网络环境下财务管理的优势

在财务管理中应用网络技术，一方面能够给财务管理提供更加精准的数据信息，同时便于数据的收集、整理和分析，不仅大大提高财务管理的质量和效率，避免或降低财务风险，还可以给企业的管理层提供客观、可靠、科学的决策信息，准确判断企业经营的现状，确定企业以后的经营方向；另一方面打破了地域、空间的限制，有效地实现了资源共享，既能够实现企业部门间的信息互通，还能够实现跨区域数据共享，企业可以及时获取运营数据，对企业的生产经营进行调整，实现财务与业务的协同管理模式，帮助企业在市场竞争中站稳脚跟，提高市场竞争力。

二、实施网络财务管理的有效策略

（一）网络财务管理的安全策略

①实行档案资料保密制度。财务人员在重要数据处理结束时，应及时清除存储器、联机磁带、磁盘程序，并及时销毁废弃的打印纸张。要定期查看财务档案的安全保存期限，并及时进行复制。②实行财务管理人员保密制度。网络财务管理人员，要签订管理责任状，做出相应承诺，保证在职期间和离职后不违反规章制度，泄露财务机密。③实行技术监控制度。建立安全的网络财务系统，是网络财务管理顺利进行的根本保证。对财务信息的输入、输出和网络系统的维护，都要严格遵守操作章程，杜绝安全事故发生。要利用加密技术，解决密钥分发的问题；采取防火墙技术，对外部访问实行分层认证；利用数字签名技术和访问限制技术，防止会计系统遭受非法操作或人为破坏。④实行法律保障制度。要吸收和借鉴国外成功经验，探索并制定网络财务管理制度和准则，规范网上交易行为。要对违反管理规定的不法分子进行有力打击，为网络财务管理营造安全的外部环境。

（二）网络财务管理的资料保管策略

①严格建立造册登记制度。财会人员每月记账完毕后，应将本月所有记账凭证进行整理，检查有没有缺号、附件是否齐全；然后把每张凭证编上序号，加上封面和封底，按编号的先后顺序将凭证装订成册，贴上标签进行封存。财会人员要在装订成册的凭证封面上详细填写单位全称和会计凭证名称，同时加盖单位主要负责人和财务管理人员印章。②严格建立资料查询制度。根据《中华人民共和国会计法》《财务从业人员管理条例》规定，对已经存档的会计资料，本单位需要查阅，必须经过有关领导同意。查阅时做到不拆封原卷册，不将原始凭证借出。外单位未经过本单位主要领导批示，不能查阅原始凭证，不能复制原始凭证，更不得擅自将原始凭证带离现场。③严格建立保管和销毁制度。会计档案

的保管和销毁，必须严格按照会计档案管理规章制度执行，任何人不得随意销毁财务档案。保管期满的财务档案，如果需要销毁，必须列出清单，按照规定经过批准后，才能销毁。④严格建立信息备份和系统升级制度。财务管理人员在日常工作中要严格建立信息备份制度，及时将财务信息输入 U 盘和磁盘中，便于日后查询和系统恢复需要，以免造成不必要的损失。

（三）网络财务管理的审计取证策略

网络财务审计，是传统审计的一大飞跃，要采取多种措施提升取证质量。一是要开发审计系统。要研制出能从被审计部门准确有效地获取各种数据信息的系统软件，建立信息库，录入被审部门的有关信息，便于核查取证时查阅，提高数据信息质量。二是要规范审计程序。审计人员审计前要根据工作要求，准备相关材料，避免审计时出现不必要的偏差。审计结束后要仔细整理相关材料，使审计取证工作走向有序化、规范化。三是要严守职业道德。审计人员要加强学习，严格约束自己的言行，公平对待每个被审计部门，实行依法审计。

（四）网络财务管理的技术人才策略

1. 加强培训力度，提高员工素质

优秀的复合型人才，是实施网络财务管理的根本保证。第一，要具备良好的专业素质。拥有丰富的文化知识和财务知识，能熟练进行网络系统的操作和维护。第二，要具备良好的心理素质。要保持积极向上的精神状态，在成绩面前保持谦虚谨慎的态度，面对挫折和失败有较强的心理承受能力。第三，要具备良好的交际能力、应变能力、观察能力。善于与外界打交道，面对困难能冷静思考、认真分析、妥善处理。

2. 完善激励机制，激发工作潜能

激励人才需要以公平合理的绩效考核为根本，根据每个人的特长和爱好科学设置工作岗位，建立灵活的人才内部流通机制。激励既包括技能比试方面的，如网络知识答辩、计算机操作、会计业务信息化处理等，也包括物质和精神方面的，如加薪、提供住房、外出考察、授予荣誉称号、休假、参与决策等。要营造一个公平、公正、公开的竞争环境，形成你追我赶、不甘落后的良好氛围，激发财务管理人员的工作潜能和工作热情，从而更好地完成目标任务。

第六节　企业税收筹划的财务管理

一、企业税收筹划与财务管理相关性特点

（一）目标上的相关性

从根本上来看，税收筹划的目标是被企业的财务管理目标左右和决定的，两者的最终方向都是通过降低企业财务风险的方式来保证企业经济利益达到最大化，从这一点看，税收筹划某种程度上可以被看作是财务管理的一部分。这就决定了企业决策者在选择税收筹划方案时，要确保其在法律范围内收获最高的企业利润，从而使企业的财务管理工作达到最优化，同时税收筹划的制订及运用的好坏程度，也能够在一定程度上反映出企业财务管理的质量如何。

（二）对象上的相关性

企业资金的循环周转情况属于财务管理的范围之内，而企业的应交纳税收资金额则属于税收筹划的范畴，从管理对象上来看，两者有着很强的相关性。税收筹划的管理对象是企业的应缴纳税收资金，通过在法律规定的框架内运用各种手段来降低企业税负。而财务管理的对象则是企业的所有资产，其需要保证企业的现金流始终处于周转中，以此来提升企业资金的利用率从而保障企业经济利益，税收筹划的质量将对财务管理的质量产生直接的影响。

（三）职能上的相关性

在职能上税收筹划主要体现在降低企业的应纳税额，而财务管理则主要体现在财务人员对公司资产的决策、计划和控制方面。财务决策包括了决策者、决策对象、决策信息、决策理论和方法等多个方面。而税收策划作为财务决策的一项重要内容，两者之间既相互影响又相互促进，特别是在筹资、投资和日常经营的过程中，税收筹划都能对其产生影响。同时，财务管理的相关技术也可以在税收筹划中得到应用以帮助其更好地开展工作。

财务管理作为现代企业管理系统价值管理体系的重要组成部分起着重要作用。税收筹划已经渗透到企业市场的各种商业活动领域，对于企业市场决策制定具有重要意义。在新的时代，企业税收筹划和财务管理之间的相互关系的密切使企业能够认识到税收筹划的必

要性。它在财务管理中起着重要的决策作用。

二、企业税收筹划和财务管理之间的相关性分析

（一）税收筹划与财务管理之间是有层次的，一层一层递进

从市场经济学的角度来看，税收筹划隶属于财务管理活动和计划活动。从税收筹划规划的目的来看，税收筹划应该属于财务类别，与企业的经济活动密切相关。

科学合理的财务筹划和以公司财务管理目标为核心的税务筹划活动，将有助于实现财务管理目标，通过设计、选择和实施财务计划，管理目标就可以实现，经济利益就可以提高。公司的财务价值管理有一定的目标，税收筹划的目标是公司的财务管理，这就形成了一定的层次性，也就是说，税收筹划分层次和多元化的规划目标必须与财务管理目标保持一致。利益最大化是公司价值的最终目标。商业决策者在进行税务筹划时，必须注意到税务规划的目标必须与企业财务目标保持一致，税收计划是基于员工的财务管理目标来实现的。从更科学的观点来看，税收筹划是一个多元化的目标系统，市场上的公司有不同的发展目标时，税务筹划目标将相应改变。因此，没有必要对企业税收进行计划，怎么做能够减少税务风险、实现企业商业价值最大化是相关人员应该重视的问题。

（二）税收筹划和财务管理是一个统一的整体

税收筹划是企业财务决策的重要组成部分，也是企业进行财务决策的重要参考因素。税收筹划更容易收集更有效的税务信息和原则，便于决策者收集税务信息并做出财务管理决策。税收筹划起着财务指导和管理作用，同时，税收筹划是财务计划的组成部分，这反过来又为财务目标服务，成为一个有机的整体。因此，税收筹划不能与公司财务分开控制。财务控制是实施税收筹划的目标和方案，为了确保计划的顺利实施，在执行计划时要监督税务支出，控制税收成本，根据实际情况来反馈税收筹划方案的实施情况并进行相应的评估，以改进后续的决策。

（三）税收筹划和财务管理之间存在内在关联

企业经营活动中的税收筹划与企业财务管理在内容方面有很高的相关性。根据税收计划，由于税法中不同融资方式的成本计算方法不同，会对实际的税收收入产生重要影响，直接影响公司的实际税收。因此，公司要继续以税收征管为引导，优化融资结构，完善融资理念，积极实施税收筹划。为了最大限度地发挥出企业的效益，公司必须全面考虑市场中的各种因素，特别是重点抓好投资方式和具体投资地点。通过实施该计划，可以更好地

优化投资选择并且提高公司的经济效益。另外，税收政策不仅影响利润分配，还会限制累积收益。因此，企业的利润分配也需要税收筹划。总而言之，税务筹划问题贯穿于公司财务管理活动的各个组成部分，它被整合于财务管理的各个方面，与企业财务管理的内容密切相关。

（四）税收筹划还能与财务管理融合

对于企业财务的管理，税务筹划工作可以发挥出系统性和综合性的作用。这是一项很强的、系统的、技术性的工作。结合财务管理，税务筹划可以实现企业各项财务管理指标。由于企业税务和财务管理有着千丝万缕的联系，税收筹划应纳入财务管理的各个方面，以在更大程度上促进公司的长期发展。公司税务规划和财务管理活动客观地整合和互动，相互融合成为一个整体，尤其是实施税收计划对公司的财务管理有直接影响。除了客观反映公司的财务管理情况和管理水平之外，税务计划还可以改善公司的利润增长和财务管理，但这也使得实施具体的期权计划和税收筹划成为可能，为了加强税收管理，不断引进先进的人才，完善管理制度，不断提高财务管理人员的素质，为实施企业税制提供有力保障。

三、企业财务管理理念对于税收筹划的具体应用分析

（一）货币时间的价值性和延后纳税

货币价值在企业生产活动中具有一定的时效性，换句话说，在资金轮换期间，货币价值会上涨。这样，当一家公司进行财务管理时，它可以使用货币的时间价值性来提高管理决策的准确性，并使用时间价值在初始纳税时支付少量税款，在纳税后期缴纳更多税款，从而相对减轻公司的税负，这就是"延迟纳税"。延迟纳税主要反映在企业固定资产折旧方法和存货的估值方法上，具体方式就是企业可以按照金融体系的有关规定使用平均寿命方法进行折旧。采用比例税率方式，提前支付企业所得税，这样折旧费用就会增加，货币价值也就高了。延迟纳税要求公司在法定税收期结束时实际缴纳税款。因此，在税法规定的范围内，使用加速折旧法可以使企业升值固定资产，相对减轻企业的税负，并能起到积极的作用。

（二）运用于税收筹划的成本效益分析

在进行税收筹划时，公司也承担一定的风险。在获得税收的同时，可能还需要支付一定数量的计划成本。具体来说，税收筹划成本通常包括三个方面：直接成本、机会成本和

风险成本。直接成本是指纳税人为节省税收而发生的人力、物力和财力支出；机会成本是指企业在采用税收筹划计划时放弃其他计划来争取最大收益；风险成本是指由于计划错误而导致的经济损失。当公司计划税收时，他们必须选择具体的计划，并且只有在保证成本效益的前提下才能取得更好的结果。如果税收计划成本低于预期收益，那么这个计划是可行的，否则会使公司遭受经济损失。

综上所述，根据一个企业的税收制度与财务影响之间的关系，财务规划是结合公司的税务情况进行的，税收的战略作用影响到了企业的财务计划。因此，企业有必要充分考虑现实的金融环境，使用税务规划工具有效分配企业资源，制订企业发展战略，通过这个战略，为公司提供更可靠的市场决策，力争让公司通过在合理范围内减税来获得最大的经济利益，提高公司的竞争力。

第七章 财务管理信息化

第一节 会计核算信息化

一、会计电算化

（一）会计电算化的主要内容

1. 会计基础数据管理

2. 总账管理

3. 固定资产及折旧

4. 存货管理

5. 应收应付管理

6. 现金（银行）日记账

（二）系统的核心功能

第一，总账模块是会计电算化系统的核心模块，账务系统包含账套及其操作人员的权限管理；会计科目和辅助核算，如往来单位、部门、职员、项目等的增加、修改、设置等属性管理；各种会计凭证的增加、修改、删除、复核、记账等业务处理；账册查询、预算管理、期末结账等业务；自动进行通用转账和损益结转、收支结转管理；数据的"导入导出"管理（包括自动导入、批量导入）；数据备份恢复管理等功能。

第二，会计科目设置能够实现动态科目级次；无论科目是否具有期初或发生数据，系统均提供科目拆分和科目合并功能，并自动对相关数据进行调整；支持多币种核算、数量核算；对一个科目可以同时提供单位、部门、职员、统计、项目五种辅助核算，结合科目的编码分配，实际上极大扩充了科目的辅助核算数量；提供科目成批复制功能，可以使用数字和字母两种形式定义科目编码。

第三，凭证管理可以通过凭证模板设计凭证录入/打印格式，对于金额数据可以语音报数；凭证输入时提供智能计算器，可直接在借贷方金额栏目内输入数字和运算符，系统自动进行计算并将计算结果直接填入当前栏目；摘要和科目在给定的宽度打印不下时，将自动缩小变成多行，打印输出时还可自动进行缩放打印；系统提供凭证冲销功能，可以自动生成冲销凭证，可以对凭证进行编号查询；提供分录复制、凭证复制、样板凭证功能，方便用户快速录入；支持审核时对错误凭证的标记功能；输入凭证时往来科目可立即进行往来核销；现金或现金等价物科目可直接进行现金流量分配；对于系统自动生成的凭证（如工资凭证、固资凭证、采购销售库存凭证等）可直接查看相应的业务资料，支持凭证分册的功能。

第四，通用转账系统还提供了通用转账功能，可以根据自己的业务模型定义转账公式，自动生成通用转账凭证。公式取数范围涉及所有业务，包括总账、明细账、应收账、应付账、现金银行、工资、固资等，甚至可以直接从金算盘的电子表格文件中提取数据自动生成凭证，这样就可以自动处理一些综合费用的归集、分摊等工作；在设置公式时可以任意设置条件，确定数据类型（金额或数量）、币别；公式可以进行任意组合。

第五，期末结账系统提供向导进行期末结账，具有账务系统独立结账能力，自动提供结账报告，其中包括资产负债及所有者权益的总数，经营结果，记账凭证情况，自动检查凭证编号是否连续，自动检查期末是否计提折旧，自动检查期末是否调汇，自动检查是否进行损益结转，自动进行数据备份。

第六，现金/银行管理系统支持多货币，统一处理有关货币资金的收款、付款业务，能自动生成收支凭证，定期进行银行对账，同时还提供了对企业票据的管理。系统预制了收付款汇总/明细表、现金/银行日记账、已领用未报销票据明细表、银行对账单等。

第七，应收应付是企业控制资金流的主要环节，同时也是维护企业信誉，保证企业低成本采购的一个有力手段，应收应付款管理主要处理应收应付业务，通过向导指导用户利用已有的各种应收应付单据生成往来凭证。

第八，工资管理系统主要处理员工的工资计算、工资发放、代扣个人所得税、费用计提、统计分析等业务，提供各种工资报表。

第九，固定资产管理系统主要处理固定资产的增减变动核算、固定资产的折旧计提以及登记固定资产卡片等业务。固定资产管理提供固定资产批量变动，对批量录入的数据批量生成变动卡片，提供各种固定资产账册和报表。

（三）手工会计核算与信息化会计核算的区别

1. 数据处理的起点和终点不同

在手工环境下，会计业务的处理起点为原始会计凭证；在 IT 环境下，会计业务的处理起点可以是记账凭证、原始凭证或机制凭证。

2. 数据处理方式不同

在手工环境下，记账凭证由不同财会人员按照选定的会计核算组织程序分别登记到不同的账簿中，完成数据处理；在 IT 环境下，数据间的运算与归集由计算机自动完成。

3. 数据存储方式不同

手工环境下，会计数据存储在凭证、日记账、明细账等纸张中；在 IT 环境下，会计数据存储在数据库中，需要时通过查询或打印机输出。

4. 对账方式不同

在手工环境下，财会人员定期将总分类账、日记账与明细账中的数据进行核对；在 IT 环境下，总账子系统采用预先编制好的记账程序自动、准确地完成记账过程，明细与汇总数据同时产生并核对。

5. 会计资料的查询统计方式不同

在手工环境下，财会人员为编制急需的数据统计表，要付出很多劳动；在 IT 环境下，财会人员只需要通过查询功能便能快速完成查询统计工作。

二、财务业务一体化

财务业务一体化是会计电算化发展的必然阶段，是 20 世纪 90 年代国内财务软件厂商提出的一个概念，也是中国财务软件行业特有的一个概念。财务业务一体化的实质是 ERP，也就是说信息系统中业务模块的数据要能传递到财务模块中，自动生成相关的会计凭证，这样就大大提高了会计工作的效率，节省了大量的会计人员的工作。这个概念在国外传统的 ERP 理论中有一个基本要求。财务业务一体化的概念代表了国内财务软件的发展方向。在当时，国内财务软件厂商纷纷开发进、销、存等业务模块。目前，国内财务软件厂商的 ERP 转型之路仍然在继续。

国外成熟 ERP 厂商的业务模块和财务模块都进行了非常紧密的集成，业务模块数据发生后，自动在财务模块上生成财务凭证，并且多数情况下财务模块的数据不能进行调整，数据的调整必须从业务模块开始。主要包括以下内容：①财务管理的结构；②业务与财务一体化的系统结构；③财务业务一体化的处理流程；④采购、库存、应付账款及总账模块；⑤应付账款模块与固定资产管理模块等。

三、会计集中核算

会计需要进行集中核算，业务框架的关键点包括：

第一，多公司、多行业、多组织会计。

第二，财务对业务的实时监控。

第三，财务系统与业务系统数据的共享与安全。

第四，各核算主体财务数据的共享与安全。

第五，科目结构能满足各层级单位的需求。

第二节　报表合并信息化

一、报表合并的挑战

（一）财务报表合并的主要过程

企业集团合并财务报表是把以母公司和子公司组成的企业集团视为一个单独的会计主体，以母公司和子公司单独编制的个别会计报表为基础，由母公司编制的综合反映企业集团财务状况、经营成果和现金流量的会计报表。报表合并过程主要可分为建模、数据收集、对账调整、发布披露四个环节：建模阶段是根据集团管理特点和披露要求指定报表合并的组织结构，定义报表模板，需要抵销的科目，以及合并过程中的相关计算关系数据收集阶段，需自下向上地报送各级子公司的个别报表数据和用于合并抵销或满足管理、披露要求的明细数据，这一阶段是决定报表合并过程的质量和效率的重要阶段，也是报表合并过程控制的重要阶段。

对账和调整环节主要是针对报表合并过程的数据校验和手工调整，这一过程必须留下可审计的调整痕迹，是报表合并过程的控制重点环节。发布披露环节是指将报表合并的结果对内或对外发布输出，使用者可以对报表进行打印、查询和分析工作。

（二）合并财务报表面临的四大问题

1. 集团各下属公司手工处理合并报表标准不统一，财务人员水平存在差异

集团公司各实体分别编制各自报表，报表格式、内容、统计口径以及抵销规则等的不统一给财务合并和分析工作带来多种不便，部分合并实体财务人员的企业合并报表的编制

能力还不够。

2. 集团合并工作量大，耗时费力

集团的下属公司往往数量众多，如果拥有内地/海外上市公司，财务信息披露的质量要求和频率更高，需要同时满足国际和国内多套不同的会计准则。

3. 传统报表及分析工具（Excel）的功能不够强大并且难以追溯

财务人员通过 Excel 方式进行报表合并（包括格式检查、逻辑检查、准确性检查、分析性检查、准则调整、审计口径调整、汇率转换、合并汇总）需要耗费大量的时间和精力。传统的 Excel 报表是文件式存储数据，导致公司对历史信息的比较与查询十分困难。

4. 分析资源利用不尽合理

报表分析人员投入大量时间进行数据整理和报表制作，使得真正对报表进行分析的时间少之又少。

（三）财务报表工作有四个目标

1. 规范化

规范统一集团会计科目；规范统一集团法定合并和事业部合并方法和流程，实现合并的自动化；逐步实现集团财务作为对内对外财务信息的发布中心。

2. 透明化

实现财务数据的共享整合，初步消除集团层面财务信息孤岛，提高财务数据的透明程度；提高数据的利用程度，使用同一套数据产生不同角度的决策信息以满足不同使用者的需求；实现对报表信息的查询和获取。

3. 全球化

推动集团财务的整体管理，进而加强对子公司、合资公司尤其是海外公司的财务管理；满足集团股权、法人架构和管理架构不断变化的要求；支持多准则的合并。

4. 实时化

提高信息传输和反馈的效率，缩短合并周期，为管理决策提供及时准确的财务信息。

二、报表合并系统的功能特点

（一）报表合并系统框架结构

报表合并系统的框架结构主要依靠用户，按照企业集团的合并范围可以分为多级，既包括基层的最小会计核算主体，也包括中间层级的合并主体和集团总部用户。

基层主体的主要操作包括：从核算系统、ERP 系统抽取报表合并所需的系统数据。手工输入系统外数据和其他补充数据。对数据进行加载、计算和校验。将校验正确的报表数据提交到上一级合并主体。

中间层级的合并主体的主要操作包括：审阅下级主体的报表及相关数据。对下级主体的数据进行调整。审批下级主体的报表数据。进行本级的抵销、币种转换、合并等相关计算。

总部层级的主要操作包括：审阅下级主体的报表及相关数据。对下级主体的数据进行调整。审批下级主体的报表数据。进行本级的抵销、币种转换、准则转换、合并等相关计算。

（二）合并报表系统流程

利用系统进行报表合并工作，提交的数据包括报表数据和内部交易的明细数据。上级主体对下级主体的调整数据通过调整分录的方式存储在系统中。系统会按照不同币种、准则计算多套报表数据存储在系统中。

（三）合并报表软件系统8项最主要的功能特点

第一，币种转换。报表合并系统能够对不同币种汇率进行维护。不同币种汇率的维护：记录相关历史汇率，维护本期的期末汇率和平均汇率，建立与待折算的相关币种报表的关系。

第二，公司间内部交易的对账和抵销。建立抵销关系是对账和抵销的第一步工作，通过建立抵销科目表来表示往来科目与差异科目。

系统预置的抵销规则是找到交易双方的第一个公共父项进行抵销。内部交易抵销模板的准备工作是：分权益类抵销关系和业务交易类抵销关系；根据用户的内部交易具体种类设置和维护（增减或修改）抵销关系。

第三，调整或抵销的分录。

第四，持股比例计算。

第五，组织关系和投资关系调整。

第六，美国会计准则（USGAAP）、国际会计准则（Ms）、中国会计准则和其他本地化的会计准则转换。

第七，支持报表的流程管理和审计追踪。

第八，支持逐级合并或一步合并的应用。

第三节　财务分析信息化

一、财务分析的目的

企业管理者要对企业运营中的各项活动以及企业的经营成果和财务状况进行有效的管理与控制，财务分析是一个必不可少的工具。财务分析可以帮助企业管理者加深对企业运营状况的了解，从而增加决策的科学性。

相对于企业外部人员来讲，譬如债权人、客户或投资者等，企业管理者拥有更多了解企业的信息渠道和监控企业的方式方法，但是财务信息仍然是一个十分重要的信息来源，财务分析仍然是一种非常重要的监控方法。企业管理者作为企业内部的分析主体，所掌握的财务信息更加全面，并能够与企业运营中的非财务信息相结合，因此，企业管理者所进行的财务分析更加深入，财务分析的目的也就更加多样化。

第一，企业管理者对企业的日常经营活动进行管理，就需要通过财务分析及时地发现企业经营中的问题，并找出对策，以适应瞬息万变的经营环境。

第二，企业管理者还要通过财务分析，全面掌握企业的财务状况、经营成果和现金流量状况等，从而做出科学的筹资、投资等重大决策。

第三，企业管理者为了提高企业内部的活力和企业整体的效益，还需要借助财务分析对企业内部的各个部门和员工等进行业绩考评，并为今后的生产经营编制科学的规划等。

二、财务分析的内容

财务分析的内容与财务分析的目的有着密切的关系。分析目的不同，分析内容的侧重点也会有差别。通常来说，财务分析有如下一些内容。

（一）偿债能力分析

偿债能力包括短期偿债能力和长期偿债能力。短期偿债能力一般与企业的流动性相关。流动性是指企业资源满足短期现金需要的能力。企业的短期现金需要通常包括支付日常生产经营开支的需要和偿还短期债务的需要。企业的流动性越强，日常支付能力和短期偿债能力就越强，企业的日常生产经营就越顺畅，短期债务就越安全。企业的流动性与短期偿债能力直接关系着企业的短期经营安全和短期债务安全，而安全是企业生存和发展的前提。因此，企业管理者、股权投资者等都会关注对企业流动性和短期偿债能力的分析。

长期偿债能力一般与财务风险相关。狭义的财务风险又叫筹资风险，是指企业与筹资活动有关的风险，也就是企业债务偿还的不确定性。因此，企业的财务风险与长期的偿债能力密不可分。如果企业不能如期偿还到期的长期债务，必然会影响企业的长期投资安排和经营活动。而我们知道，风险与报酬存在着同增同减的关系。企业如何通过资本结构和财务杠杆的安排，使风险与报酬达到最佳的平衡，就成为长期债权人、企业管理者以及股权投资者等分析主体关注的问题。

（二）营运能力分析

资产是能为企业带来未来经济利益的经济资源，同时又是对负债和所有者权益的保障。因此，企业的资产管理水平直接影响着企业获取经济利益的能力以及企业资本的安全。资产管理主要包括资产结构管理和资产效率管理等内容。对企业的资产利用效率通常称为营运能力。

企业的资产管理水平与营运能力从深层次影响着企业的安全性和盈利性，因而是企业债权人、股权投资者和管理者等分析主体都应当关注的内容。

（三）盈利能力分析

投资报酬是反映投入产出关系的指标，它指投入的资金所获得的报酬。由于投入资金有不同的范畴，而报酬有不同的层次，因此投资报酬有不同的具体含义。直接影响资报酬的是企业的盈利能力。在投资规模一定的情况下，企业获取利润的能力越强，投资报酬就应当越高。

盈利能力的高低首先体现为收入与成本相抵后的会计收益上，因此通过分析企业的营业收入，可以了解企业盈利能力的稳定性和持续性。在资料许可的情况下，可以对企业的成本费用进行本—量—利分析和成本费用分析等。本—量—利分析能够找出企业利润的关键影响因素，成本费用分析则能够为企业从内部挖掘利润潜力找到方向。

丰厚而稳定的利润不仅是投资报酬和盈利能力的体现，也是企业偿还债务的保障。一个不能盈利的企业是没有真正的安全可言的。因此，包括股权投资者、企业管理者和债权人等在内的众多分析主体对投资报酬与盈利能力都十分关注。

（四）其他能力分析

传统的财务分析是从静态角度出发分析企业的财务状况和经营成果，只强调偿债能力、盈利能力和营运能力的分析。面对日益激烈的市场竞争，静态的财务分析是不够全面的。首先，企业价值主要取决于未来的获利能力以及竞争能力，取决于企业销售收入、收益以及股利在未来的增长、企业在市场中的竞争地位和竞争能力。其次，增强企业的盈利能力、资产营运效率和偿债能力，都是为了未来的生存和发展的需要，是为了提高企业的发展和竞争能力。所以要全面衡量一个企业的价值，不仅要从静态角度分析其经营能力，还应从动态角度出发分析和预测企业发展能力、竞争能力以及防御风险能力。

（五）综合分析

综合分析就是对企业的各个方面进行系统、全面的分析，从而对企业的财务状况和经营成果做出整体的评价与判断。由于企业是一个不可分割的主体，各个方面有着千丝万缕的联系，因此各分析主体在对上述相关内容进行侧重分析后，还应将这些内容融合起来，对企业的总体状况作一定的了解。尤其对企业管理者而言，就必须全面把握企业的方方面面，并找到其间的各种关联，为企业管理指明方向。最为经典的企业财务综合分析方法是杜邦公司开发的杜邦分析体系。

需要注意的是，在进行综合分析时，要注意财务分析与非财务分析的结合，结果指标和驱动指标的结合。

三、财务分析方法

（一）趋势分析法

趋势分析法是将企业连续几个期间的财务数据进行对比，以查看相关项目变动情况，得出企业财务状况和经营成果变化趋势的一种分析方法。趋势分析法有助于预测企业未来的财务状况和经营成果。

（二）结构分析法

结构分析法是将相关项目金额与同期相应的合计金额、总计金额或特定项目金额进行对比，以查看相关项目的结构百分比，得出企业各项结构的一种分析方法。

结构分析法通常运用到会计报表的分析中。在对会计报表进行结构分析时，各个报表项目以结构百分比列示。这种以各项目的结构百分比列示的会计报表称为结构百分比会计报表，因此，结构分析又常常被称作结构百分比会计报表分析。

（三）比率分析法

比率分析法就是指将相关的财务项目进行对比，计算出具有特定经济意义的相对财务比率，据以评价企业财务状况和经营成果的一种分析方法。常见的财务比率有趋势比率、构成比率、效率比率和相关比率。

趋势比率是反映某个经济项目的不同期间数据之间关系的财务比率，如当期净利润与上期净利润相除得到的比率、当期资产总额与五年以前的资产总额相除得到的比率，等等。

构成比率是反映某个经济项目的各组成部分与总体之间关系的财务比率，如流动资产除以总资产得到的比率、流动负债除以总负债得到的比率，等等。

效率比率是反映投入与产出关系的财务比率，如净利润除以平均股东权益得到的比率、净利润除以费用总额得到的比率，等等。

相关比率指的是除趋势比率、构成比率和效率比率之外的反映两个相关项目之间关系的财务比率，如流动资产与流动负债相除得到的比率、主营业务收入与平均资产总额相除得到的比率，等等。

（四）比较分析法

比较分析法是将相关数据进行比较，揭示差异并寻找差异原因的分析方法。要评判优劣就必须经过比较，要比较就必须有比较的标准。比较的标准也就是跟什么相比。常见的比较标准有历史标准、行业标准、预算标准、经验标准等。

四、财务分析程序

财务分析是一项比较复杂的工作，必须按科学的程序进行，才能保证分析的效率和效果。财务分析的基本程序包括以下几个步骤。

（一）明确分析目的

财务分析的目的是财务分析的出发点。只有明确了分析目的，才能决定分析范围的大小、搜集信息的内容和多少、分析方法的选用等一系列问题。所以，在财务分析中必须首先明确分析目的。

（二）确定分析范围

财务分析的内容很多，但并不是每一次财务分析都必须完成所有的内容。只有根据不同的分析目的确定不同的分析范围，才能提高财务分析的效率，也才能更好地符合成本效益原则。针对企业的哪个方面或哪些方面展开分析，分析的重点放在哪里，这些问题必须在开始搜集信息之前确定下来。

（三）搜集相关信息

明确分析目的、确定分析范围后，接下来就应有针对性地搜集相关信息。财务分析所依据的最主要的资料是以企业对外报出的会计报表及附注为代表的财务信息。除此以外，企业内部供产销各方面的有关资料以及企业外部的审计、市场、行业等方面的信息都可能与财务分析息息相关。财务分析中应搜集充分的信息，但并不是越多越好。搜集多少信息，应完全服从于分析的目的和范围。

对搜集到的相关信息，还应对其进行鉴别和整理，对不真实的信息要予以剔除，对不规范的信息要进行调整。

（四）选择分析方法

不同的财务分析方法各有特点，没有绝对的优劣之分，最适合分析目的、分析内容和所搜集信息的方法就是最好的方法。财务分析的目的不一样，财务分析的内容范围不相同，为财务分析所搜集的资料不一样，所选用的分析方法也会有所差别。在财务分析中，既可以选择某一种分析方法，也可以综合运用多种方法。

（五）得出分析结论

搜集到相关信息并选定分析方法之后，分析主体利用所选定的方法对相关信息进行细致的分析，对企业相关的经营成果和财务状况做出评判，为相应的经济决策提供依据。如果是企业内部的管理者，还可以进一步总结出管理中的经验教训，发现经营中存在的问题，并探询问题的原因，找出相应的对策，最终实现公司的战略目标。

五、财务分析指标

综合性的财务分析要求建立由集团层层下钻到各利润点、由综合指标下钻到具体报表的框架体系。在这个体系下，以仪表盘、趋势图和警示图等图形化界面为监控层，反映集团层面的财务分析结果，分为集团、事业部、成员单位三层结构，将监控层的监控指标结果通过各层结构，形成可以追踪至原始数据的财务分析体系。将财务分析指标与财务报表体系、财务核算系统、数据库等相联系，可以做到实时计算财务指标，提高财务分析的及时性。

监控模式特别适用于综合性的财务分析体系，譬如，当企业构建指标体系后，就可将监控指标与预算报表、会计科目等建立联系，从而将监控指标与最基本的数据库相连接，形成实时、动态、可调整的综合财务分析体系。

六、财务分析的信息化

传统手工环境下的财务分析往往存在数据不精确、财务数据难以与非财务数据集合、财务数据难以追溯到源头等弊端，而财务分析的信息化可以很好地解决这些问题。不仅如此，财务分析的信息化还可以使得财务分析结果更加简明扼要，以图形化、菜单化的界面展示出来，更容易对企业的整体运行进行监控，也有利于对某些重点问题进行深入分析。

财务分析的信息化是以商业智能为基础的，商业智能基本架构包括数据和应用的集成、分析处理、信息发布和展示界面。

商业智能能够支持多维度的财务分析，维度最多可达 12~20 个，并能保持适当的效率；这样的数据存储与表格式完全无关，能够很好地适应需求的变化，如组织、业务等的变化。因此，以商业智能技术建立起来的多维度数据系统，能够为财务分析提供多角度的切入，譬如，对于同一收入数据可从时间、产品线、地区、部门等角度进行分析，从而进一步推进了财务分析的深度和广度。

从不同维度，可以提供同一数据的不同含义，从而为财务分析提供不同的切入点。同时，数据的多维化的互动分析工具和多样化的报表，能够实现追溯分析、图形化。商业智能使财务分析更加直观丰富：完全个性化的交互仪表板；基于功能和角色；主动式的智能预警；提供分析指引，提供最佳实践环境；功能强大，操作简单。每个层级的用户都能关注自己所在层面不同层级的界面，且关注的内容以图形化界面展示。不仅如此，各个层面之间还存在严密的数据逻辑关系。

第四节　全面预算信息化

一、全面预算管理概述

预算，是一套综合管理工具，也是一套系统的管理方法。它从公司战略出发，通过合理分配人力、物力和财力等资源，对公司的经营活动进行整体规划和动态控制，以监控战略目标的实施进度。

二、全面预算管理的八大成功要素

全面预算管理的八大成功要素具体包括以下内容：①关于如何将战略、业务计划与预算高度整合；②关于如何建立健全预算组织体系；③关于如何上下互动：引导+主动；④

关于如何分析和建立合理的责任中心及考核体系；⑤关于如何设计合理的预算体系，为设计合理的预算体系，可以多角度编制预算，将预算细化，例如，某企业的销售收入预算，分项细化改进前只有产品，改进后则有产品、时间两项，区域、部门、客户、销售员、渠道和时间多项；⑥关于如何设计预算控制体系；⑦关于如何建立动态的预算管理体系；⑧关于如何建立深层次的预算分析跟踪体系。

三、全面预算管理的信息化

全面预算管理信息化的三个基本要求是：一是多维数据。二是广泛接口。三是有效监控。

（一）多维数据——支持多维度的预算编制和分析

预算编制、分析的本质是从多个维度描述、分析业务、财务数据的过程，系统应该通过多维模型来存储和管理数据。

预算管理过程当中经常需要快速回答类似下面的问题：

今年各地区的销售收入是如何分布的？今年各月实际销售额与预算之间的差异是多少？今年3月份预算损益与实际损益的对比情况如何？今年各产品大类实际销售量的变化趋势怎样？

预算分析的本质是一个多维分析过程，系统应该支持多维数据分析才能满足快速变化的分析需求。

（二）广泛接口——避免信息孤岛

实际数据分散在财务、ERP、人力资源等多个系统中，从这些系统中提取数据耗费大量的工作时间。系统应该提供数据接口工具，具有整合不同业务系统中数据的能力。

（三）有效监控——实现事前、事中、事后的动态控制

根据预算信息对实际的费用支出及资金支付进行事前、实时控制。支持基于工作流的电子审批。能够与预算、核算系统紧密衔接。为管理决策层提供直观的、仪表盘式的关键数据展示。能够动态显示预算的关键性指标数据及指标的实际执行情况。能够针对特点指标钻取到明细的业务、财务数据。

第五节　精细化成本信息化

一、成本管理的目的及内容

（一）成本管理的目的

传统的成本管理是以企业是否节约为依据，从降低成本乃至力求避免某些费用的发生入手，强调节约和节省。传统成本管理的目的可简单地归纳为减少支出、降低成本。

现代企业的成本管理观念与传统观念相比，已经发生了很大的变化。企业的成本管理活动应以成本效益观念作为支配思想，从"投入"与"产出"的对比分析来看待"投入"（成本）的必要性、合理性，即努力以尽可能少的成本付出，为企业获取更多的经济效益。现代成本管理的目的可以归纳为提高成本投入的投入产出效率。

在现代市场经济环境下的企业日常成本管理中，应对比"产出"看"投入"，研究成本增减与收益增减的关系，以确定最有利于提高效益的成本预测和决策方案。

（二）成本管理的内容

先进的成本管理突破了以往只注重产品物料成本的管理，强化包括产品成本、质量成本等生产过程中的全方位成本分析与控制。

成本管理的范畴在企业价值链上不断延伸，向前延伸至市场、销售和研发环节，向后延伸到售后服务环节。这些成本包括营销成本、物流成本、研发成本、售后成本等。企业开始对物质成本更加关注，譬如人力资源成本、产权成本等。

综合起来，成本管理的对象包括产品生产成本、质量成本、效率成本、资金占用成本、采购成本、销售或客户成本、风险成本、人力资源成本、环保成本、安全成本等。利用成本管理所提供的成本信息，譬如产品成本、营销成本等，企业可以进行如下的经营决策：产品的盈利分析和产品组合决策；销售活动中运用成本信息进行定价决策；生产活动中运用成本信息进行自制或外包决策。

从成本管理的过程来看，成本管理可以分为两大部分：成本核算与成本控制。成本核算是成本控制的基础，没有准确的成本核算信息，成本控制无从谈起；成本控制的目的是提高成本投入的产出效率。

（三）典型的成本管理方法

成本管理方法包括战略性、策略性和经营性三个大类，具体有以下方法：

第一，价值链分析法是为了解成本的特性和导致差异的根源，将价值链从原材料到最终客户分解为与战略相关联的各种经营活动的方法。

第二，目标成本法是一种在设计和开发新产品或提供服务时首先要采用的方法。目的是保证产品和服务在成本上的竞争力，在其生命周期中达到预期的利润。该方法有时也指现有产品和服务的成本降低目标。

第三，产品周期成本法用来确定一种产品、品牌或服务从新产品开发到退出市场的整个期间的总成本和盈利能力。

第四，成本动因分析法是一种通过确定影响作业成本的因素并对其进行排序的系统方法。该方法可以运用于各种层面的成本管理中。

第五，对象成本法是一种根据作业清单（或流程清单）计算各"成本对象"（如品牌、产品、客户）的技术。

第六，作业成本管理法是一项新的管理方法，在企业的内部改进和价值评估方面具有重要的作用。它是利用作业成本法提供的成本信息，面向全流程的系统化、动态化和前瞻性的成本控制方法。作业成本管理把管理的重心深入到作业层次上，包括了作业的管理、分析和改进。

二、成本核算信息化

（一）成本核算为什么要信息化

在传统的手工管理模式下，企业的成本控制受诸多因素的影响，往往不易也不可能实现各个环节的最优控制。而且随着生产自动化程度的提高以及产品种类越来越复杂，这种强调人力劳动因素的粗放型计算方法已经不能满足企业现代管理的需要。

现代成本管理需要一个能协调、计划、监控和管理企业各种成本发生的全面集成化系统，从而协助企业的各项业务活动都面向市场来进行运作。ERP 除了提供全套的物流解决方案、监控和优化企业的整个生产流程外，也为企业成本管理领域提供了强大的控制和丰富的分析功能。

实施成本管理信息化是中国企业顺应历史潮流、走向全球市场的必然趋势，也是中国企业由传统管理向信息化管理转型的必然选择，更是中国企业提升网络经营能力和市场竞争力的必然要求。

（二）成本核算信息化的主要内容

1. 成本中心核算

成本核算信息化要支持成本预算、标准成本与实际成本之间的差异对比，成本报告与分析等，有关成本发生都记录到相应的成本中心分别核算，有关数据则同时或定期成批地传送到产品成本模块以及获利分析模块中进行进一步处理。

第一，管理会计模块从财务会计中收到它的基本数据和总分类的科目记账，同时，记账凭证中的科目指定条款被扩大到不同的辅助科目指定。例如，科目可赋给创建的成本中心，或赋给一个任务。如果一下指定了多个目标科目，则管理会计模块就使用检查规则来确保只有一个影响到成本的对象被记账，其余的则作统计管理。

第二，除了初级成本之外，也能够记录相关的条目性质（数量、时间、单位等）。

第三，使用外部会计系统，所有记账业务流程同它们的初级成本要素一起都能通过数据接口传送到管理会计模块中。

第四，结果是一个数据组包含了项目层次上与管理会计有关的所有信息。用这种方式，数据就可以独立保存，而与总分类账和明细分类账的归档期间无关。在保存的期间内，管理会计模块中的信息系统可以获取财务模块中的原始凭证。

2. 订单和项目成本核算

成本系统能够进行订单成本和项目成本的归集和核算，其功能的发挥需要企业供应链上下游厂商的协调配合。该系统收集、过滤成本信息，用计划与实际结果之间的对比来协助对订单与项目的监控。而且系统还提供了备选的成本核算及成本分析方案，有助于优化企业对其业务活动的计划与执行。

生产成本管理是企业面向生产和作业程序的一个职能。成本核算的方法，尤其是制造业公司中的成本核算方法，是由系统模块中的基础数据和程序确定的。通用成本对象包括：

（1）物料、加工订单、成本对象层次结构

（2）物料、进程计划表、成本对象层次结构

（3）物料、生产订单

（4）销售订单、生产订单

（5）方案、网络、订单

3. 产品成本核算

它不仅有成本核算与成本分摊功能，还包括收集有关物流与技术方面的数据，并能对单个产品和服务进行结果分析。产品成本核算模块还能对成本结构、成本要素以及生产运

营过程进行监控，对单个对象或整段时期进行预测，另外，基于价值或数量的成本模拟估算所得出的信息能对企业运营过程进行优化。将生产成本核算定义为一个产品的成本核算。产品可以是有形货物，也可以是无形产品（服务）。生产成本核算的目的是：

（1）确定产品的制造成本和销售成本

（2）由比较成本核算来优化产品的制造成本

（3）确定产品的定价基础

（4）为存货评估提供产品的制造成本核算

（5）提供成本对象控制中的差异核算

（6）边际会计收益（与获利能力分析集成）

4. 成本收益分析

此模块能帮助一些问题顺利找到答案，例如哪类产品或市场会产生最好的效益，一个特定订单的成本和利润的构成分配等。该模块在对这些问题进行分析的同时，销售、市场、产品管理、战略经营计划等模块则根据其分析所提供的第一手面向市场的信息来进行进一步的分析处理，公司因而能判断它目前在现存市场中的位置，并对新市场的潜力进行评估。

5. 利润中心会计

它提供了一个方案，面向那些需要对其战略经营进行定期获利能力分析的企业。该系统使用会计技术来收集业务活动成本、运营费用及结果分析等信息，以确定每一业务领域的获利效能。

6. 附有管理决策的执行信息系统

决策过程中所用的信息的质量直接取决于收集与准备数据的系统的能力。执行信息系统（EIS）为管理部门提供了一个软件方案，它有自己的数据库，能从企业的不同部门收集包括成本发生在内的各方面的数据，进行加工汇总使之成为可服务于企业决策的格式。

7. 标准成本

针对现有的留置于库存中的产品进行标准成本估计。这适用于指定计划期间（通常是一个会计年度），它确定制造产品的计划成本和销售产品的计划成本，而不考虑客户何时、以什么频率订购这些产品。

在标准成本估计中，直接物料成本由投料量进行核算。直接物料的成本通过以相应的计划价格评估计划数量来取得。然后将物料的间接费用以附加费的方式加以运用。生产成本的成本核算以在成本计划期间内确定的作业类型和相应作业价格的方式进行。

为此，必须为所有操作建立产品的计划数量。这通常要在一个工作流程中完成。生产的间接成本在证明其不包括在作业价格中后，可以通过基于生产成本中的附加费确定。管理费用和运输保险费用与制造产品的计划成本相关，这是通过以百分比的方式表达的计划手续费率来实现的。

三、成本控制信息化

成本核算的目的是为了进行分析和有效的成本控制。

（一）流程化的成本控制

流程化的成本控制，在缺乏信息系统支撑的情况下，成本的控制标准和控制流程是脱节的，在控制流程中，不能及时获取控制标准与执行情况的差异数据。成本控制面临的主要困难如下：

1. 没有统一的、数据共享的成本管理平台
2. 缺乏有效的流程管理工具
3. 控制标准、定额、预算缺乏有效的载体
4. 控制过程执行人工操作，效率低下
5. 成本执行结果没有分析监控工具

（二）成本控制协同工作平台

1. 全面的基于 Web 的成本和费用控制解决方案，任何时候、任何地方都可访问系统
2. 建立落实到员工层面的费用控制
3. 不需维护客户端，软件的升级更新不涉及客户端的改变
4. 用户在熟悉的界面上操作，容易学习和使用

（三）成本费用控制的具体需求

第一，实现费用、资金支出的按标准事前实时控制。

第二，多维度费用控制，如按照部门、科目性质、科目属性、费用大类、费用小类、当月预算、累计预算、费用标准等要素进行控制。

第三，按照费用类别进行控制，一类应严格按照标准执行，另一类可以不受预算的硬性约束，但需要说明超预算的原因。

第四，可以设置预算控制到哪一层级，即预算可以按费用小类编制，也可以按费用大类控制。

第五，根据费用性质、金额大小等灵活设置审批流程。

（四）成本费用控制思路

成本费用控制系统通过将预算控制和日常审批流程相结合，在业务活动发生前进行相应的审批过程，从而达到事前控制的目标。在审批流程中，业务活动发起人和审批人能够从系统中实时得到该事项的预算信息（预算数、预算已经执行数、预算余额），并据其做出业务活动能否发生的判断。

（五）预算控制方案

系统支持对预算控制过程使用到的单据、功能、流程进行定制。

单据可根据企业具体要求设置。

各系统功能的控制逻辑可以根据企业要求设计实现。

系统支持分科目多级设置审批机构，审批上报限额，月度、季度、年度超支比例，以及超支后的控制方式（"手工""警告""禁止"）。用户还可以自由增加控制的维度和量度，以达到灵活控制预算执行的力度。系统对每一笔费用的申请都可以有个性化的控制逻辑和控制流程。

审批流程可根据企业不同业务灵活定义。系统支持灵活的审批流程定义，可根据企业组织架构、科目类别等多种角度来定义不同的审批流程；还可以定义多人审批模式，当第一审批人不具备网络环境时，其他审批人可代为行使审批权。

利用该功能，可以实现集团、子公司、业务类别、科目等不同层级的预算控制规则，在不同层级采用不同的控制流程，不同的审批级次和审批额度，满足资金支付和预算控制的分级次管理的需求。

系统可以对预算控制、审批方式等进行设置，包括签字方式、会计期间、审批期限、是否日期替换、超支控制等信息进行维护。

第八章 "互联网+"时代财务管理战略与模式的创新

第一节 "互联网+"时代商业模式创新

一、商业模式的基本概念

随着工业经济时代演进到"互联网+"时代，商业模式发生了极大的改变。在互联网的不确定性下，以往的商业模式被颠覆，传统意义上可依托的壁垒被打破，任何的经验主义都显得苍白无力。无数例子说明，"互联网+"时代的商业模式需要让消费者参与生产和价值创造，让厂商与消费者连接，厂商与消费者共创价值、分享价值。这样才能够既享有来自厂商供应面的规模经济与范围经济的好处，又享有来自消费者需求面的规模经济与范围经济的好处。如果说商业模式是一个组织在明确外部假设条件、内部资源和能力的前提下，用于整合组织本身、顾客、供应链伙伴、员工、股东或利益相关者来获取超额利润的一种战略创新意图和可实现的结构体系以及制度安排的集合，那么，"互联网+"时代的商业模式是在充满不确定性且边界模糊的互联网下，通过供需双方形成社群平台，以实现其隔离机制来维护组织稳定和实现连接红利的模式群。

二、"互联网+"时代商业模式新特征

"互联网+"的特质驱动了新商业模式的发展，表现在：①"互联网+"带来了厂商组织环境的模糊与"混沌"，使厂商的经营处于一种边界模糊、难分内外的环境中。"互联网+"的模糊让传统的产业分工、以往成功的商业模式变得毫无意义。②由于"互联网+"时代环境的不确定性，厂商的商业模式具有高度的随机性和不固定性，厂商已经没有坚固的堡垒可以依托和支撑，只能求新求变，一切成功的模式在"互联网+"时代都很难持续。③"互联网+"推动去中心化（Decentralization）。这不仅相对于中心化媒体，甚至与早期的门户和搜索互联网时代相比，如今的"互联网+"已经从少数人建设或机器组织内

容然后大众分享转变为共建共享。自媒体使得互联网的中心原子化，信息发生自传播。微信、人人、微博等更加适合大众参与的服务出现，信息由大众产生、大众参与、大众共有，使得互联网内容的来源更多元化。④"互联网+"时代的商业模式具有极强的不可复制性，没有一模一样的东西，也没有完全相同的商业模式。

与之相伴的是，工业经济时代商业模式中很多重要的元素在"互联网+"模式下逐渐消亡。商业模式包含了价值创造的逻辑和商业资源的有效协调，由于"互联网+"时代下价值创造的逻辑发生了变化，商业资源的流向也无法避免地发生改变。分销渠道曾经是商业模式的重要组成元素之一，"渠道为王"是工业经济时代商业模式的主旋律，借助他人的渠道或分销商体系进行销售和配送，是工业经济时代厂商完成价值创造和实现价值增值的基本工具。但是，"互联网+"时代出现"脱媒"以后，供需双方可在没有渠道的帮助下进行互动，比如O2O，通过线下的体验然后进行线上的购买，根本不需要中间环节，而直接在供需双方间促成交易行为的实现。分销渠道曾经作为商业模式的重要元素，由于无法起到创造价值和协调资源的作用，自然被"互联网+"时代的商业模式所抛弃。

三、"互联网+"时代商业模式创新

（一）社群

社群指聚集在一起的拥有共同价值观的社会单位。它们有的存在于具体的地域中，有的存在于虚拟的网络里。有学者认为在互联网模式中社群是一个两两相交的网状关系，用于满足和服务顾客，而社群发展到一定程度会自我运作，是一个自组织的过程。所谓的社群逻辑就如顾客主导的C2B商业形态。品牌与消费者之间的关系由单向价值传递过渡到厂商与消费者双向价值协同，在社群的影响下，传播被赋予了新的含义价值互动（Value Interaction）。Value Interaction也可译为价值界面，指代厂商与顾客的界面。同时，厂商的品牌被赋予了社群的关系属性，转化为社群的品牌，融入顾客一次次价值互动的体验当中。在社群逻辑下，产品的所有属性由于人的参与都有了显著的提升。产品的寿命不再被定义为有限的，而是可以因为重要的人而缩短或延长；产品的销量起伏取决于人或网络之间关系的稳定程度，而不再是被动地服从产品周期；产品的管理不再需要每个阶段不同的市场、金融、制造、销售和人力资源战略，而转向依靠大量的参与者在一个参与者网络中持续地使价值结构在重复鉴定过程中保持稳定。同样，在社群逻辑下，市场定义也发生了改变，市场不再只是在现实生活中厂商与消费者双方进行价值交换的场所，市场已经成为厂商与社群消费者合作网络各成员之间的知识碰撞、交流与增值的场所；而顾客作为知识创

新的另一种来源，他们既是参与者和建设者，也是直接受益方。创新知识的来源已经变得模糊。这样的社群逻辑与工业经济时代的规模逻辑是完全不同的。规模经济时代，规模越大越经济，因为标准化与流水线生产的需要，品种越少越好；而社群逻辑却将这个规律倒置过来——大规模的定制化产品成为主流，价值是厂商与顾客在大规模定制化产品的生产过程中相互影响而创造出来的。厂商要尽可能满足长尾末端的需求，因为这是厂商能否在市场中成功的基点。需要注意的是，在社群逻辑下跨社群营销是没有意义的，因为社群讲究的是个性，物以类聚。你不需要别人懂你，就像"果粉"不需要解释，要解释的必定不是"果粉"。正是由于社群内对产品独特性的要求，就出现了社群粉丝（崇拜者）自限产品规模的要求。因而，社群逻辑是规模逻辑的反动。反过来说，厂商如果不自限范围和规模，没有自己的核心粉丝（崇拜者）社群，就无法实现价值。在"互联网+"模式下，厂商获得资源进行价值创造，对于社群的依赖度很高。当然，也要求厂商要形成多品种开发的能力，以满足社群中不同粉丝（崇拜者）的需求。只有当网络（社群）建立，品牌、服务等才能够稳固地建造或共建起来。所以，有人说"互联网+"时代的品牌，玩的就是一种"棒槌精神"——喜欢的爱到骨髓，不喜欢的毫无感觉，这是有一定道理的。人们根据不同的需求，形成不同的偏好，构成了不同的小圈子或者不同的社群，厂商的产品研发就从围绕着"物"转向围绕着"人"或"社群"来进行。在社群逻辑下，可以说"互联网+"时代的经济是基于人的经济，而非基于产品或物的经济。

（二）平台

以前平台主要是指计算机的操作环境，后来引入经济领域，出现了产品平台、技术平台、商业平台。如今管理学中的平台指的是商业模式中的重要一环。平台强化了在信息和沟通技术下商业模式的安排能力。例如，它用来强化已设计出的商业逻辑，还可以帮助提升厂商或厂商战略联盟的决策水平。一方面，平台提供供需双方互动的机会，强化信息流动，降低受众搜索有用信息所需的成本，提供双方实现价值交换、完成价值创造的场所。正因为如此，平台消除了信息的不对称性，打破了以往因信息不对称带来的商业壁垒，为跨界创造了条件。另一方面，平台的存在有利于建立制度，通过对平台的管理，防止功利主义行为，保护消费者和供应商的利益，使得平台中参与者的凝聚力增强。换个角度看，平台促进社群的发展。以百度贴吧为例，在百度这个平台上通过无数个主题和关键词建立了一个庞大的集群。据百度贴吧自己在发布会上公布的数据，目前百度贴吧有10多亿注册顾客，近千万个主题吧，日均话题总量过亿。由于社群有天然的排他性，再加上人的从众心理和马太效应，往往成功平台的所有者很有可能就是该商业模式下行业的垄断者。

"互联网+"时代厂商与顾客共同创造价值是价值创造的基础。索尼创始人出井伸之认为，互联网公司是"顾客平台级公司"，其实质就是要实现消费者行为的被动接受向消费者行为的主动参与转变。要让顾客参与到产品创新与品牌传播的所有环节中去。而消费者群体也希望参与到产品创意、研发和设计环节，希望产品能够体现自己的独特性。这就是需求的长尾（The long tail）末端，工业经济时代，这部分需求被归类于"闲置资源"。一方面是由于这种需求不易被察觉；另一方面是由于需求量太小，无法形成规模生产。但"互联网+"模式下厂商的感知能力和柔性生产能力获得大幅度提升。长尾末端需求的存在说明了当今市场正在产生从为数较少的主流产品和市场（需求曲线的头部）向数量众多的狭窄市场（需求曲线的尾部）转移的现象和趋势。只要保障好流通与存储，范围经济下的市场份额完全可以和那些以前规模经济下的市场份额相媲美，甚至有过之而无不及。任何厂商越能满足需求，其生存能力和盈利能力就越强。

从边际效用递增角度看，"顾客平台级公司"所主张的社群逻辑使厂商的经营有不同于工业经济时代厂商的做法：①注重挖掘传统市场边界之外的潜在需求，特别是长尾末端的需求；②注重超越传统产业市场边界，往往进行跨界经营，推出新产品或新服务处于价值链的高端或具有独特性，具有较高的效用价值；③注重追求针对社群消费者心理需求与社会需求的效用创新，注重为消费者创造产品的功能价值（需要满足）、情感价值（如品牌知觉与忠诚）、学习价值（经验、知识累积的机会）；④注重市场顾客的消费体验，强调厂商组织的所有活动都是顾客体验的环节，即从产品研发、设计环节开始，再到生产、包装、物流配送、渠道终端的陈列和销售环节都有消费者体验，以获得边际效用递增；⑤非常重视来自需求方的范围经济，使得消费者之间的效用函数相互依赖，而非相互排斥。

（三）跨界

跨界指跨越行业、领域进行合作，又被称为跨界协作。它往往暗示一种不被察觉的大众偏好的生活方式和审美态度。可以说，"跨界协作"满足了互联网模糊原有边界进而创造新价值的需求。通过跨越不同的领域、行业乃至文化、意识形态而碰撞出新的事物。跨界协作使得很多曾经不相干甚至不兼容的元素获得联结，产生价值。

从产业层次看，虚拟经济与实体经济的融合，平台型生态系统商业模式的发展，使得更多的产业边界变得模糊，产业无边界的情况比比皆是。从厂商组织层面看，随着专业分工的日益精细，虚拟化组织大量出现，厂商组织跨越边界成为可能。从知识结构层面看，互联网使信息不对称情况大为好转，能够跨越传统产业的跨界人才和产品经理的出现成为可能。

跨界合作不仅能提高产品对环境的适应能力，延长产品寿命，更重要的是在战略上将竞争关系转化为合作关系，这能为进入市场降低成本。值得注意的是，作为品牌的生存基础，知名度和忠实用户数量无法通过资本投入直接获得，需要机遇和沉淀。跨界合作所创造的价值与涉及知识的复杂程度、跨界跨度成正相关，与过程中产生的新事物的寿命及其环境适应能力、竞争力也成正相关。跨界者用一种开放式创新提供了企业创新商业模式的机会，尽管可能因为产业不同而存在差异。

（四）资源聚合与产品设计

按照资源基础观角度，社群平台实现了挑选资源和聚合资源的功能。所以，作为一种异质性资源，社群平台在互联网时代是极其重要的。很多学者给出了判断资源的价值标准。厂商的资源基础理论认为，组织可以被看作资源的堆积物。资源是一个组织维持竞争优势的主要原动力。它们必须是有价值的、稀少的、不能完全模仿的和难以替代的。有的学者认为，当资源能使厂商在满足需求的同时比竞争对手用更少的成本或者它能够使顾客的需求得到更好的满足时，会被认为是有价值的。同时，如果一种资源能开发出机会或者抵销厂商在环境中遭遇的威胁，就会被认为是有价值的。还有学者认为，如果资源能够让厂商拥有或行使能够提升厂商效率或影响力的战略，那么资源也是有价值的，它不仅具有自身的专属性，同时也是资源交流和聚合的场所。社群平台，一方面使得消费者得到更大的满足，另一方面为厂商提供隔离机制。综上所述，工业经济时代最有价值的是技术和资源，"互联网+"时代最有价值的就是社群平台。

按照动态能力观视角，社群平台实现了整合资源和利用资源的功能。社群平台能促进产品设计的发展。"产品设计"是资源配置在"互联网+"中的术语，它是一个创造性、综合性的处理信息过程，通过产品设计，人的需求被具体化且无限趋近理想的形式。厂商是资源的载体和集合体，但是无论厂商多么庞大，资源都是有限的。为了创造新的或更好的产品，企业需要重新分配资源，组合新资源，且用新的方法组合现有资源。当既有产品已经无法支撑厂商发展，如何靠资源的再配置来实现价值创造就是厂商发展的重点。而在社群这个强调个性、突出偏好的平台上，目标顾客的需求和期望能被放大到极致，然后厂商配合 C2B 策略，根据需求提供生产，通过产品设计，使得顾客感知的使用价值最大化，满足顾客需求，从而最大程度实现供需平衡，满足价值创造的需要。

第二节 "互联网+"时代的财务管理与企业战略创新

一、战略及战略管理的特征

"战略"一词源于希腊语"strategy",意为军事领域或将军,到中世纪,这个词调整演变为军事术语。我国伟大的军事家孙武在公元前4世纪撰写的《孙子兵法》,是一部闪烁着杰出战略思想的不朽巨著。孙武虽然没有明确提出战略一词,但他在《孙子兵法》中泛称的"谋""计""画""策""筹"等,都可以被看成是战略概念的雏形。一代又一代的中外军事家对战略进行了大量的研究。西方近代军事理论家克劳塞维茨在其《战争论》一书中指出:"战略是为了实现战争目标,对整体战争计划以及如何在每个战役中分配和应用军事工具、发挥每个人的作用所进行的研究和运用。"我国《辞海》将战略定义为:"依据敌对双方军事、政治、经济、地理等因素,照顾战争全局的各方面、各阶段之间的关系,规定军事力量的准备和运用。如武装力量的建设、作战方针和作战指导原则的制定等。"虽然中外军事家对战略的定义不同,但他们都已经将战略成功地运用到军事领域,并将战略视为一种指导战争全局的计划和策略,是一种思维方式和决策过程。

随着人类社会的进步和发展,战略思想和理论被应用到各学科领域、衍生出许多新的专业用语,如政治战略、外交战略、科技战略、教育发展战略、经济发展战略、企业经营战略等。战略的含义得到了极大的外延和拓展,作为一种思维方式和统帅艺术广泛地运用到各个管理领域,并促成许多新学科的出现,企业战略管理就是其中之一。

自20世纪80年代以来,企业战略管理作为一种新的管理思维在企业界得到了广泛的应用,同时,战略管理理论得到了极大的丰富和发展,并形成了相对完善的理论体系。虽然,大多数人都认为战略管理是企业成功的主要因素,但是,人们对"战略""战略管理"的概念和理解仍存在着较大的差异,这些差异不仅反映了战略管理是一个相对年轻的学科,也反映了在企业组织中战略问题的复杂性和多样性。

根据前人睿智的理解,作者提出适用于本章研究目标的定义,从而使本章能够对战略及战略管理有个更完整的画面,为财务管理战略研究范围的界定奠定坚实的理论基础。企业战略管理是指为求得企业长远发展和核心竞争力,根据企业外部环境的变化和内部的资源条件,采用一定的方法和技术,对企业各层次的业务活动所进行的全局性谋划过程。在这个概念的表述中,强调了企业战略管理如下的几个特征:

（一）长远性

企业战略制定的着眼点在于企业未来的生存和发展，只有面向未来，才能保证企业战略的成功。因此，评价战略优劣的一个重要标准就是看其是否有助于实现组织的长期目标和保证长期利益的最大化。这也是战略管理与一般战术或业务计划的显著区别，即战略管理更关注长远利益，而不是关注短期利益。例如，如果一个产品项目尽管在短期内会赚些钱，但长期市场潜力不大，而且无助于提高企业的核心竞争力，从战略管理的角度看，这样的产品或项目就不应该生产或建设。相反，如果一个项目尽管短期内会造成亏损，但从战略管理的角度看，长期市场潜力巨大或呼应技术发展的趋势，只要经营得当，将会获得长期稳定的收益，从战略管理的角度看，该项目就应该实施。因此，战略管理的长远性要求企业根据外部环境和企业内部条件的变化，对有关企业生存的战略问题进行长远规划。

（二）竞争性

市场如战场，制定战略的目的就是要在激烈的市场竞争中与竞争对手抗衡，在与竞争对手争夺市场和资源的竞争中取得优势地位。企业战略管理说到底是一种竞争战略的制定和实施过程，企业制定战略的目的就是满足企业在激烈的市场竞争中形成与竞争对手相抗衡的行动方案的需要，以保证自己能够战胜对手。因此，企业战略管理不同于那些不考虑竞争因素、只是为了改善企业现状、提高管理水平的行动方案的制订和选择，这也是企业战略管理在激烈的市场竞争中产生和发展的原因。

（三）层次性

虽然企业规模、类型及层次结构不同，但进行战略管理的基本层次是相同的。一般来说，对于大中型企业而言，企业战略一般可以划分为以下三个层次：①总体战略或企业战略，主要包括发展战略、稳定战略、紧缩战略等全局性的管理战略，总体战略管理主要是决定企业选择哪些经营业务，进入到哪些领域；②竞争战略，主要研究不同行业经营战略等方面的战略选择与应用，它主要涉及如何在所选定的领域内与对手进行有效的竞争，因此，它所研究的内容是应开发哪些产品或服务，这些产品将提供给哪些市场等；③职能战略，主要包括财务战略、生产战略、研发战略、营销战略等。在实际工作中，不同企业、不同层次战略的侧重点和范围不同，高一层次的战略变动总会波及低层次的战略，而低层次的战略影响范围较小，尤其是职能战略涉及的问题一般都可以在部门范围内加以解决。

（四）全局性

企业战略管理是从企业的全局出发，适应企业长远发展的需要而进行的管理活动。它所规定的是企业总体行动，它所追求的是企业总体效果，它是指导企业一切活动的总谋划。虽然企业战略管理也包含和规定着企业的一些局部活动，但这些局部活动是作为总体活动的有机组成部分在战略管理中出现的。例如，企业的总体发展战略是在一年内成为国内最大的家电企业，那么实现这一目标必然会涉及经营突破口的选择、产品、价格、分销渠道、技术、企业形象、组织设计等多个局部战略管理活动。因此，战略管理的全局性还应注意要妥善处理好局部利益和整体利益的关系。例如，某一产品部门或销售部门设计或销售低质产品的行为，可能会损害公司整体形象，但会增加部门的利益，这时的做法应该是"丢卒保车"。一个高明的统帅和企业家总是能在复杂的条件下把握全局，进而做出正确的战略部署。同时，战略管理的全局性还要求企业战略必须与国家的总体战略和社会经济发展的总目标相一致，要与世界的经济技术发展相一致。

二、财务管理战略的含义及特征

传统的观点认为，财务管理作为企业的一种职能管理，只是企业管理的一个侧面，因此，只具有战术的性质，而不具有战略特征。然而，随着企业组织规模的日益扩大和市场竞争的不断加剧，以及战略管理理论、竞争理论的不断完善和发展，无论从实践上还是理论上，人们越来越清楚地认识到，财务管理并非仅限于"策略"和"战术"层面，它对企业的长远发展有着直接的影响，是企业战略的一个重要组成部分。

由于财务管理战略涉及了企业战略和财务管理两大领域，人们对"企业战略"和"财务管理"这两个术语的解释莫衷一是，任何一个学者要想对"财务战略"下一个能够为大家普遍接受的定义都将是一件非常困难的事。作者采用研究战略及战略管理定义的方法，在吸收和借鉴中外专家、学者不同观点的基础上，力图形成一个较为综合的定义。

财务管理战略是为实现企业战略目标和加强企业竞争优势，运用财务管理战略的分析工具，确认企业的竞争地位，对财务战略的决策与选择、实施与控制、计量与评价等活动进行全局性、长期性和创造性的谋划过程。这个定义具有以下特征：

（一）以财务战略目标为导向

任何一项成功的战略都需要在明确的目标导向下得以实施和完成。如同一个人不知道自己将前往何方就无法起程的基本道理是一样的。财务管理战略目标为企业财务战略的形成确立了方向，定义了企业财务战略的边界，即财务战略应当做什么而不应当做什么。因此，企业财务管理战略目标在整个财务战略系统中处于主导地位，为企业战略目标服务和获得持续竞争优势的财务管理战略目标指明了企业财务管理战略的总体发展方向，明确了财务管理战略的具体行为准则，从而可以有效界定财务战略方案选择的边界，排除那些偏离企业发展方向和财务目标的战略选择。将财务管理战略尤其是财务战略形成过程限定在一个合理的框架之内，使财务管理战略能够对企业财务活动的发展目标、方向和道路从总体上做出一种客观而科学的概括和描述。同时，财务管理战略目标明确了财务管理战略的属性，将其作为企业战略管理的子系统和为实现企业战略目标服务的一个重要工具，它必须服从和服务于企业战略管理的要求，与企业战略管理协调一致，从财务上支持和促进企业战略的实施以至其完成。

（二）以企业竞争力为核心

在经济活动中，企业的竞争力要受到企业财务战略管理的目标、经济资源的使用和分配、各项财务决策的制定和实施等活动的直接影响。经济资源和财务资源只是企业发展的必需之物，但拥有了一定的资源并不能完全保证企业核心能力与核心竞争力。以企业竞争力为核心的财务战略不仅明确了财务战略的直接目标，也为财务战略决策提供了选择标准，为财务战略管理行为提供了行为导向。在财务管理战略中，企业要考虑做什么能提升企业的竞争力，企业能利用哪些资源形成核心能力，如何实现既定资源允许的财务战略，如何利用企业的核心能力创造企业的持续竞争优势。可以说，脱离了企业核心能力的财务战略如同空中楼阁，是不可能实现的。

因此，应识别、构建和利用企业的核心能力，形成竞争对手难以模仿的、满足最终消费者需要的、能够将机会转化为现实的有效资源，具备较高的支配、驾驭这些资源的能力，不断提高财务资源的使用效率与效果，以强大的竞争力作为财务管理战略的坚强后盾。同时，企业的竞争能力也需要科学的财务战略来创造、培育、维持、创新和发展，才能保持企业长久的竞争优势。

（三）将战略成本管理作为提升企业竞争力的主要参数

战略成本管理是财务战略管理研究中无法回避的问题，因为，成本是影响企业竞争力的一个重要因素。面临日益激烈的市场竞争和急剧变化的经营环境，向战略成本管理要效益，向战略成本管理要竞争优势，已成为企业获取和保持持续竞争优势的关键。

在企业战略层次开展的成本管理，实质上就是将成本信息置于战略管理的广泛空间，与影响战略的相关要素结合在一起，从战略的高度，运用战略成本的管理工具，对企业成本进行全面了解、分析、控制与改善，以寻求成本持续改进和获得持续竞争优势的战略成本管理过程。

因此，在企业竞争力为核心的财务管理战略中，战略成本管理成为企业竞争力和财务管理战略的连接点，使用战略成本管理理念及成本动因分析、价值链管理、产品寿命周期成本管理、质量成本管理、作业成本管理等战略成本管理方法，将成为企业寻求成本持续降低、获得持续竞争优势、实现企业财务战略管理目标的现实选择。将战略成本管理问题纳入企业财务管理战略体系，不仅有助于实践，而且还丰富和深化了财务管理战略的内涵。

（四）以财务战略决策的选择、实施与控制、计量与评价为内容

企业财务战略决策的选择，决定着企业财务资源配置的取向和模式，影响着企业理财活动的行为与效率，决定着企业竞争能力的高低。

财务战略的选择、控制和评价是建立在企业保持持续竞争优势这一财务战略本质的基础上。财务战略决策的选择、实施与控制、计量与评价应当从企业全局的角度进行思考，必须符合企业整体战略，并与其他职能战略相适应。可以说，从战略的角度研究企业的财务问题，突出财务管理战略的特征，这是财务战略管理不同于其他各种战略的质的特性，也是企业财务战略良性循环过程。财务管理战略注重整体性，以企业管理的整体目标为最高目标，协调各部门运作，减少内部职能失调，需要通过有序的财务战略实施过程来实现。

（五）重视企业理财环境因素对财务管理战略的影响

财务管理战略更重视环境因素的影响。财务管理战略的环境分析不是针对"过去"和"现在"，而是面向未来的一种分析；不是仅仅关注于某一特定"时点"的环境特征，更为关心的是这些环境因素的动态变化趋势；不仅具有一般战略管理中的政治、法律、社会文化、经济等宏观环境的综合分析，而且还必须要有对产业、供应商、客户、竞争者、财务状况和财务实力等企业内部因素的微观环境分析。同时，还要处理好环境的多变性与财务战略的相对稳定性之间的关系，从而通过科学的环境分析，为企业制定正确财务战略奠定基础。

从上面的特征中可以看出，财务管理战略作为企业战略管理系统中的一个子系统，表现出一定的独立性，但它也要服从企业战略管理的思想和目标，同时，它也具有一定的综合性，具有企业战略管理的全局性、长期性、竞争性、稳定性等一般特征。企业需要在综合考虑内外部各种影响因素的基础上进行财务战略的制定、实施和控制。财务管理战略具有战略视野，关注企业的未来、长远、整体的发展，重视企业在市场竞争中的地位，它以

扩大市场份额、实现长期获利、打造企业核心竞争力为目标。财务管理战略以企业的外部相关情况为管理重心，提供的信息也不仅限于财务主体内部，而是以企业获得竞争优势为目的，把视野扩展到企业外部，密切关注整个市场和竞争对手的动向，包括金融和资本市场动态变化、价格、公共关系、宏观经济政策及发展趋势等情况。提供的信息不仅包括传统财务管理所提供的财务信息，还包括竞争对手的价格、成本等，以及市场需求量、市场占有率、产品质量、销售和服务网络等非财务信息。

三、财务管理战略在企业战略管理中的地位

虽然在企业战略的各个层次中，财务战略不过是其职能战略的一个组成部分，但财务战略本身的特殊性，使其在企业战略管理体系中具有非常重要的特殊地位，它以资金为链条将企业各个战略有机地联系在一起，并以货币的形式表现出来，从而使财务战略成为企业战略体系中不可缺少的一个功能性子战略。企业战略与财务战略之间是整体与部分、主战略与子战略之间的关系。财务战略虽然只是企业战略的一部分，然而，由于资本是决定企业生存发展的最重要的驱动因素之一，财务战略也就往往成为企业战略的中坚。

财务管理战略在企业战略管理系统中处于基础地位，它与生产战略、研发营销战略一起共同构成对企业竞争战略的直接支持系统。同时，财务管理战略又是企业竞争战略的执行战略，它从财务角度对涉及经营的所有财务事项提出切实可行的操作目标，从而使企业竞争更具有针对性。企业的任何活动都离不开企业财务的支持，企业的人、财、物等各种生产要素的获取，都需要财务资源的投入，企业的各种经济资源的投入、运用效率和产出也是由不同的财务指标加以表现和计量的。事实上，任何一个企业都难将企业各层次的不同战略准确地区分为哪些是财务性的战略，哪些是非财务性的战略。例如，企业的筹资活动要取决于企业发展和生产经营的需要，资金的投放和使用是与整个企业的再生产过程密切相关的，即便是股利分配，也不是单一、纯粹的财务问题，它也取决于企业再生产和投资的需要。所以，企业财务活动的实际过程总是与企业活动的其他方面相互联系的。可以说，财务管理战略渗透在企业的全部战略之中，它不是一个简简单单的职能战略，它与其他职能战略之间既有区别又有联系，它与企业战略之间也不是一种简简单单的无条件服从的关系。

同时，由于企业的竞争环境是不断变化的，为保证企业战略的稳定性，就需要根据企业战略竞争环境分析，及时调整财务战略，使财务战略能够在不同时期、不同环境下，始终保持对企业各种竞争战略的直接支持，并借助于竞争战略搭起的企业战略与财务战略的桥梁，使财务战略能够在企业总目标指导下进行正确的决策、选择、实施、控制、计量和评价。

因此，作者认为，财务管理战略是企业战略的基石，是企业战略管理系统中的一个综合性子战略。它不仅为企业战略目标和各种竞争战略的实现提供资金上的保证，与其他职能战略共同支撑起企业战略管理体系的"金字塔"，它还通过资金这条主线以及综合的财务信息将企业各个层次的战略有机地联结在一起，成为协调企业纵向战略、横向战略以及纵横战略之间关系的桥梁和纽带。因此，财务管理战略与企业战略管理之间的关系是一种相互影响、相互印证、相互协调的动态反馈关系，财务战略在企业经营战略中是一种具有从属性、局部性和执行性的战略。一个成功的企业战略必然要有相应的财务战略与之配合，财务管理战略既从属于企业战略管理，又制约和支持着企业战略管理的实现。

四、"互联网+"时代企业战略管理流程和方法创新

"互联网+"时代，传统的企业战略管理理论的假设条件和基础已经发生了重大变化，需要融合互联网带来的社会经济形态的变化，从而使得企业战略管理的流程和方法发生重大变化。

首先，企业需要确定适合自己的经济形态。这往往是多种经济形态的组合，比如门户网站就是虚拟经济和流量经济的组合，而 O2O 的上门服务一般是体验经济、个性经济和速度经济的组合。而要确定经济形态，需要以企业对所处行业的趋势判断为前提。一旦确定了经济形态，企业的战略愿景、定位和目标就应该是倾尽全力去实现经济形态所应当带来的价值。在这个意义上，企业做的不是产品，作为经济形态的实践者，产品只是载体或形式。只有这样，企业才可以脱离具体产品和行业的约束，能够以更高、更宽的视野进行业务拓展，优化业务布局。比如，腾讯和阿里巴巴基于平台经济分别打造成为社交和电商行业的垄断者之后，继续利用平台的优势不断进入其他业务领域。

其次，根据战略目标制定重点战略举措。产品战略是"互联网+"时代企业战略的核心，主要回答选择什么产品以及如何研发和运营的问题。这个时候，企业应根据经济形态重新审视哪些是最合适的产品。阿里巴巴选择了数据经济之后，就通过并购不断积累电商、地图、社交、用户上网行为等方面的数据，利用数据再开发新的产品。企业还需要确定合适的人力、组织、技术和资金方面的举措，与产品战略进行匹配。

最后，利用市场迭代对战略举措进行修正。在每周、每个月、每个季度之后，企业根据产品的流量、收入、用户评价以及对运营数据的分析，对产品战略以及相应的保障措施进行调整。

可见，与传统的战略管理相比，基于"互联网+"的战略管理流程的主要创新点在于：①制定战略的依据是经济形态，而不是内外部环境的 SWOT 分析；②企业战略是实践经济形态并达到特定的目标，战略高于行业和产品；③基于合伙人意志、股东回报、竞争

压力或标杆来确定目标，而不是根据行业份额来制订目标；④以产品战略作为战略举措的核心，整合能力和资源去适配目标，而不是让目标服从于能力。

第三节 "互联网+"时代税收筹划的挑战与战略创新

一、"互联网+"时代税收筹划面临的主要挑战

（一）经营模式的多样化对税收筹划依据产生挑战

"互联网+"时代，经济发展的多元化和社会分工的细致化使得企业的经营范围越来越广泛复杂，经营方式越来越灵活多样，核算方式逐渐由传统的纸质记录向便捷化、信息电子化和无纸化方向发展，管理模式也突破了原有的框架和既定的运行规则。这些变化在传统税制下出现了模糊地带，因而增加了税收筹划中适用税收政策和规则的风险。

例如网上购物如何纳税，网上购物模式会根据交易对象的不同形成企业之间的 B2B 运营模式、企业与消费者之间的 B2C 运营模式、消费者之间的 C2C 运营模式以及将线下商务与互联网结合在一起，让互联网成为线下交易前台的 O2O 运营模式（Online To Offline）等，此外，很多网购平台突破了单一销售功能，兼有直接销售、买断式销售、销售捆绑无形服务等多种混合方式，很多运营模式使订单和物流都存在难以监控的问题。例如，在"互联网+"时代电子技术进步基础上发展起来的信息服务，商家在平台上定期向某方面有需要的特定客户发布特定的商品信息，设计收费策略和信息提供方式，有需要的客户可以查询和购买。这种方式销售的就是各种信息需求，这种服务活动并不在商家与消费者之间实行有形商品交换，但在无形商品流转的同时却有资金流生成。再如数字化的信息商品，在线图书购销、IT 软件以及有声图文资料出售之类，此种销售形成的税收是通过"特许权使用费"还是通过"销售收入"或"其他收入"核定纳税，直到目前学术界依然在争议。还有一些新兴的经营模式也超越了传统的商业逻辑，例如，很多公司都习惯了向用户支付高额补贴或返利，以吸引用户使用它们的服务，指望在它们花光钱之前，竞争对手们会先破产，这种高额的补贴或返利大多是以"烧钱"换取市场占有率或增加点击率及访问流量。这些灵活多样的混合销售方式，基本涵盖了资源交换、网络结算、线上销售、物流配送、售前售后服务等，因支付、结算和流转的方式等有所不同，使企业资金流、票据流、服务流与现行税收筹划中的标准和要求不匹配，对传统税收筹划中关于经营模式的税务思考产生了观念上的冲击。针对"互联网+"时代的经营模式与现行税收政策的不匹

配，如何在遵循现有规则的基础上做出合理正确的抉择，是对税收筹划者目前的一个挑战。

（二）信息传播的灵活化对税收筹划理念产生挑战

"互联网+"时代信息传播的方式、广度、速度，都是过去任何一个时代无法比拟的，移动互联网、大数据、物联网、云技术等的改变推动着财税环境的变革，对税收筹划工作模式、税收筹划质量效率、税收筹划的理念产生极具颠覆性的影响。

传统税收筹划的理念是避免多纳税，实现纳税的最小化。从实际情况看，由于纳税人对行业不了解，虽符合税收优惠条件，但因没有申请而不能享受优惠、由于计算方法的不正确或者对政策的疏忽误解等对于准予扣除的项目，因没有报备，而不得税前扣除，这些情况都导致多纳税。因此，不少企业在税法允许的范围内选择低税负以此实现纳税最小化的理念。从传统观点来看，将追求税负最小化作为税收筹划的目标没有争议也合情合理。然而"互联网+"时代，生产经营活动中各种因素的相互作用与影响，使得企业运营活动成为相当复杂的过程，企业价值除了税收利益之外，还有非税利益，税收利益与非税利益之间又具有相关性，用数学函数表示为：

$$企业价值（B_e）= 税收利益（B_t）+ 非税利益（B_a）$$

以上可以看出，税收效益不能等同于企业整体效益，税款的减少并不一定意味着企业整体价值的提升，还有可能导致其他相关费用的增加。此外，由于"互联网+"时代信息传播的范围广、速度快、途径多，企业税收筹划无形中受到社会各界的关注和监督，他们不仅关注税收本身，还会更加广泛地了解和观察企业整体，包括财务状况、经营成果、广告宣传、人力资源、市场策略等判别企业税收筹划成败的因素。因而，税收筹划的理念不能停留在片面追求税负的减少上，这会给税收筹划的意义大打折扣，"互联网+"时代，税收筹划理念应当综合考虑信息传播、时间价值、风险报酬、长短期利益，兼顾各方面的整体效益，实现企业价值最大化。

（三）税收征管的智能化对税收筹划空间产生挑战

传统的税收征管处于企业信息流和业务流的末端，税收管理仅重视事后检查，这种征管方式给事前、事中和事后的税收筹划都提供了可行性，税收筹划人员可利用传统税收征管信息获取滞后性的天然缺陷对经济活动运行的时间、轨迹和呈现的结果进行修正和调整，以此进行税收筹划。

"互联网+"时代，将传统手工录入渠道采集的数据和通过大数据、物联网等新兴感知技术采集的数据以及第三方共享的信息，有机整合形成税收大数据。运用大数据、云技术在互联网上收集、筛选、捕捉纳税信息，实现了实时税源管理、涉税稽查、调查取证的高度信息化和智能化税收征管，使纳税人的相关信息在税务税收征管系统上有了更多的记载痕迹和沉淀。2016年国家税务总局在增值税发票新系统中导入商品和服务编码，所有的增值税发票，无论是普通发票还是增值税专用发票，全面纳入网络开具，此系统具有强大的预警功能，根据国税局的大数据系统自动预警，税务机关可以通过发票的轨迹清晰掌握企业每一笔款项的进进出出。例如，一家销售空调的一般纳税企业，员工从京东商城为孩子购买了一张婴儿床以及一些儿童积木等商品，该企业将3510元的增值税专用发票入了账并进行了抵扣。很快，税务部门找到了这家空调销售企业，这张用于抵扣的增值税专用发票被国税局的大数据系统预警查出，原因在于这家销售空调的企业突然购进了儿童玩具，正是因为这个异常现象，这笔业务成为风险监控的目标。随后经过税务机关的实地调查核实，这笔属于个人的福利性支出，不得抵扣增值税。再如，一个硬盘应该对应一台计算机，一个酒瓶就应该对应一瓶酒，企业所有生产的主料、辅料信息都标准化进入了税务机关监控，税务机关利用"互联网+"时代的大数据系统建立精确的对应变量的投入—产出模型，以此监控纳税人投入、产出信息以及投入产出之间的对应数量关系。

纳税人投入和产出之间的关系已全面纳入税务机关的实时监控，在这个大数据下，税务机关的风险模型真正发挥了作用。此外，企业无论是否对外开具发票，只要实现销售，都需要将销售商品或提供劳务的信息录入到系统中，使征管系统实时全面监控整个社会商品和劳务的流向信息，实现"互联网+"时代税收征管的无缝隙全面智能监管。通过此系统，各地税务机关可以完整地提取企业的开票信息，快速、直接、全面地掌握纳税人的有关生产经营情况，从本质上讲是掌握了企业的购销账本，再通过汇总到国家税务总局，形成全国一体的电子底账库。新增值税发票系统的全覆盖，使整个社会的投入—产出都处在税务机关的实时源头监控下，缩短了事中和事后纳税筹划的空间，使企业经营活动中税收筹划的位置进一步前移。

（四）财税行业的专业化对税收筹划人员产生挑战

以增值税为例，我国增值税基本占到全部税收的40%左右，但却没有专门的增值税法，如果长期处于税收行政法规、税收部门规章的层次，显然难以实现依法征税治税，再加上近年来营改增的政策变动较多，仅2016年5—8月的3个月期间，陆续推行50个补充条款，至2017年4月达到近100个补充条款。然而在日常生产经营活动中，由于财税工作人员自身业务素质的局限，对于政策法规以及这些变动等没有快速且全面的理解和认识，对有关税收法规的阐释没有准确把握，虽然主观没有偷税漏税的意愿，但在纳税行为上已经违反了税收法规的操作规定和要求，或者在过去、表面上、局部看来符合规定，而现在、实质上、整体却没有按照现行税收行政法规执行造成偷税漏税的依据和事实，给企业带来很大的隐患和风险。

"互联网+"时代的税收筹划人员不仅要有全面而扎实的专业知识、丰富的实践经验和背景，而且应具备统筹谋划能力、职业判断能力和沟通协作能力，是具有完善的税收筹划知识、系统认知职业能力、全面分析和解决税收筹划问题的专业人才。可以说，一个优秀的税收筹划人员，不仅能够为企业设计出合法、合理、有效的筹划方案，而且善于沟通与协作，为企业的长远发展以及实现企业整体价值最大化创造有利环境。总体而言，目前我国的企业财税人员及中高层经营管理人员的纳税筹划业务素质还有待进一步提高。

二、"互联网+"时代税收筹划战略创新

（一）基础设施层与业务、数据层

基础设施层主要包括软件资源和硬件资源，为企业税收筹划提供环境支撑。存储器、网络资源池、智能终端等资源为税收筹划平台提供存储、网络和运算的基础服务，将存储器、网络资源池、智能终端、服务器和安全等连接到云端，不仅能为集团的业务层提供筹资管理系统、投资管理系统、供应管理系统、销售管理系统以及分配管理系统等，还可以在云端获得相关行业的数据，为上游的数据层、服务层和应用层收集所需管理控制的相关数据。

数据层通过大数据技术，例如 Hadoop、HPCC、Apache Drill、Rapid Miner、Pentaho 等，利用数据抽取 ETL（Extract 提取、Transform 转换、Load 加载）工具将分布的、异构数据源中的数据如关系数据库、NOSQL、SQL、File、DBMS 等抽取到临时中间层后进行清洗、转换、集成，加载到数据仓库或数据分析中心，成为联机分析处理、数据挖掘的基础。数据分析中心以整个企业的经济业务为起点，形成多维度的采购数据、销售数据、投资数据、筹资数据、经营数据等，为上游的服务层和应用层提供所需管理控制的相关数据。

（二）服务层

服务层对来自数据处理中心和数据分析中心的数据进行信息管理、建立纳税筹划的备选方案、比较差异、评估内部控制风险、选择最佳方案、方案实施和评价绩效。面向应用层的企业整体税收筹划，服务层提供了完备的税收筹划风险管理价值链。

1. 信息管理

信息贯穿税收筹划活动的整个过程，既包括国家税收政策内容信息，也包括企业过去

和现在所处的现状环境信息，例如企业的税收筹划意图、企业的财务状况和经营成果、目前的实际税收负担等信息，还包括税收筹划人才管理信息。通过大数据技术和云平台，收集和应用精度高、价值大、实用性强的信息，能够避免税收筹划中不必要的经济损失，是保证税收筹划方案有效实施的关键所在。税收筹划是企业的财务管理活动，税收筹划需要充分了解企业财务管理活动的各个环节以及生产经营活动的特点和现状信息，在熟悉并掌握国家现行税收政策导向的基础上，寻求税务筹划的可操作空间。由于税收筹划是一个动态过程，需要根据税收筹划方案实施过程中反馈的信息随时分析调整筹划方案，及时消除不利因素，确保方案的合法性和有效性。

此外，税收筹划作为高层次的理财活动需要具备高素质的税收筹划人员。

第一层次培养基础能力，税收筹划人员必须具备全面而扎实的基础能力和基础知识，不仅要掌握财务、法律和税收政策，还要通晓管理学、经济学、金融学等基本理论和基本知识。只有具备这些基本素质，筹划人员才有可能为企业设计出合理有效的筹划方案并科学组织实施。时代进步带动科技的发展，随着微课、慕课、翻转课堂的迅速兴起，云技术、电子书包也早已深入教育培训领域。

第二层次培养税收专业能力。集团对财务和税收筹划人员进行税收专业技能训练和利用互联网技术的云计算模式训练。首要任务是利用云计算完成针对企业自身的税务会计实训、纳税筹划实训、网络财务实训、财务管理实训和审计实训等。云计算，是利用现代化信息技术，通过互联网对信息数据进行集中处理、交换、共享，利用云计算完成税收筹划相关实训，不仅可以对实训或模拟数据进行集中存储与计算，打破地域、时间的局限，同时可以创造较稳定和安全的财务及税收环境，提高财务管理工作效率。

第三层次培养全面管理及创新能力。税收筹划作为一项系统的财务管理工程，不仅需要企业与多方面协调配合，更需要税收筹划人员有较强的语言表达、文字沟通、互助协作能力。集团除了依照传统，每年聘请资深税务筹划师、注册税务师为财务及税务人员继续教育以外，还引导财税人员参加注册税务师考试，组织财税能力大比拼、挑战杯等大赛，增强财税人员与本集团其他企业、企业各部门之间以及企业与外部政府部门、事务所等的沟通协作，提升应对和处理复杂问题及团队协作的能力。此外，集团实行新入职员工的顶岗培训和在职员工的换岗培训，目的是增强财税人员的操作能力及全面处理问题的才能，利用在相应岗位中互相探讨、共同合作的方法来推动和全面调动学习积极性和创新能力，将"互联网+"培训的云技术、云计算方法探究、思考、整理和利用，创建完善的认知系统，真正培养出具有综合分析和解决税收筹划实际问题的全面管理及创新能力的综合素质的专业人才。

税收筹划人才是企业发展的战略性宝贵资源，其数量和质量直接决定了企业能否尽快适应经济发展新常态并形成长期竞争优势。集团通过"三层两式"的税收筹划人才培养模式，打破了传统思维，培养出税收筹划"升级版"的实战能力，实现从"财务型"向"战略型"纳税筹划的转型升级。

2. 税收筹划方案的建立、决策与实施

评估备选方案前，进行差异的比对以及风险的处置。评估备选方案时，一般会认为每个方案的预计未来现金流量可以事先确定，但即使利用再先进的技术，也不可能对每个方案的未来现金流量的不确定性进行精确的预知，因而进行税收筹划时应始终保持对筹划风险的警惕性，合理利用有效方法处置备选方案的风险。

方案决策和实施时，集团建立了纳税内部控制系统，通过对集团内部生产经营过程中各涉税环节纳税活动的计划、审核、分析和评价，使集团纳税活动处于规范有序的监管控制中，便于及时发现和纠正偏差。此外，可以建立具有危机预知功能和风险控制功能的税收筹划预警系统，当出现引起税收筹划风险的关键因素时，系统发出预警信号提醒税收筹划者关注潜在的隐患并及时采取应对措施；当找到导致风险的根源时，系统引导筹划者制订科学合理的风险控制措施以有效应对税收筹划风险。

3. 绩效评估

税收筹划方案比对、决策和实施后，集团制定了税收筹划分析与评价指标，通过绩效评估系统中成本效益分析、本量利分析、业绩评价等的综合分析与考评，既能对筹划人员形成激励，也有利于集团积累经验和总结教训，并对下一个周期的税收筹划起到很好的铺垫和预测作用，以不断提高集团税收筹划水平。

（三）应用层

应用层位于纳税筹划框架模型的最高层，它需要基础层、业务层、数据层和服务层的基础与支撑，集团将整体税收筹划分为筹资税收筹划、投资税收筹划和经营分配税收筹划三个关键环节。在筹资税收筹划环节中，考虑到债权筹资需要定期还本付息，压力负担较重，但是这种借款利息税前支付，利息既起到税收挡板的作用，又能使债权融资的成本降低；此外当投资收益率高于资金成本率时，债权筹资能给集团带来巨大的财务杠杆收益，但还要充分考虑随之增加的财务杠杆风险。对于股权筹资，虽然不用定期还本付息，但股息红利不具有税收挡板的功效，没有抵税功能，加之股权筹资的门槛高以及成本费用高，因而很多企业没有机会也不愿意股权筹资，对于"互联网+"时代的股权众筹以及 P2P 融资等新兴的筹资方式却情有独钟。

以固定资产投资购买为例，一般纳税企业的固定资产抵扣政策中规定，2016 年 5 月 1 日后取得并在会计制度上按固定资产核算的不动产或者 2016 年 5 月 1 日后取得的不动产在建工程，其进项税额应自取得之日起分两年从销项税额中抵扣，第一年抵扣比例为60%，第二年抵扣比例为40%。该政策为我国有史以来不动产抵扣最优惠的政策，因此其他企业可以利用优惠政策加大固定资产投资力度，如果固定资产的投资份额达到80%，更可达到投资的黄金比率，为纳税筹划者提供更多的税收筹划空间。此外，购入固定资产抵扣政策中规定，购进货物和设计服务、建筑服务，用于新建不动产，或者用于改建、扩建、修缮、装饰不动产并增加不动产原值超过50%的，其进项税额分两年从销项税额中抵扣。也就是说，作为固定资产后续计量的价值部分，也允许抵扣进项税，如果企业将装修装饰成本增加，例如可在两个月内分别支出40%和40%的装修款，即可抵扣装修款的增值税进项税。

具体到不同类别的企业，由于各自的出发点和侧重点不同，实际运作经营、投资、筹资等税收筹划时还要结合企业具体情况综合考虑成本效益的问题。就像应用层的顶端是衡量税收筹划结果的标准以及实现企业价值最大化的目标一样，集团在进行税收筹划的整个过程中，始终为保持集团整体的价值创造而筹划，而不仅仅为节约税收成本而筹划。可以说，税收筹划作为企业财务管理的重要组成部分，与企业其他管理活动相辅相成、相互制约，所以，税收筹划方案的构思、设计与选择，应从企业价值最大化的全局出发，综合权衡各种因素与结果，将企业价值最大化作为税收筹划的出发点与终结点，为企业创造更多前瞻性的价值。

"互联网+"时代的快速深入发展，改变了传统经济运行的模式，也对传统税收模式带来了挑战。税收筹划必须适应经济的新发展，基于"互联网+"时代的数据共享，依托平台，整合筹划流程，通过财税信息化的高效支撑，调整和改变传统筹划模式，以企业价值最大化的财务战略为目标，谋求企业资金均衡有效流动，通过合理筹划融资安排，完善企业营收资金、投入资金等的筹划，运用战略思维发挥企业资金运作的导向性作用，全面规划企业税收筹划战略，防范企业财务风险。

第四节　"互联网+"时代成本管理战略创新

一、构建大数据平台，理性开展成本谋划

"互联网+"时代的企业要有大数据思维，构建自己的大数据平台，利用成本行为数据和成本关系数据精准定位成本信息。大数据能够使企业更好地与消费者互动、洞察顾客需求、拓展服务品牌和从事商业创新。移动互联网将产业之间异质性的社会互动向更深层

次推进，社会化互联网使企业可以主动发起自身和上下游企业的互动式的成本谋划，从而使基于用户生成的社会互动成为企业的重要决策变量。大数据成本数据类型繁多，包括结构性成本数据和非结构性成本数据，成本信息采集的范围广，包括财务与非财务、数量与质量、经济与非经济、物质与非物质。成本信息处理速度快，时效性要求高。

成本结构的复杂度是成本上升的源头。企业应立足成本的相关范围和复杂的成本结构，借助大数据成本信息分析，减少或者消除非增值作业。例如，O2O模式将线上资源和线下资源充分整合，提供了消除非增值作业的商业模式保障。虚拟仿真技术和智能个性定制技术，将使消费者的现场体验更加平滑和流畅，企业只需为消费者提供全程深度、因需求激发而生的智能化支持服务。管理者不应将目光过分地集中在显性成本的控制上，实践证明这种控制往往是一种短视的决策行为，会带来诸多隐性成本的上升，最终得不偿失。例如大幅削减高管工资薪酬会导致高管人员流失，过分削减研发支出会导致企业丧失潜在的核心竞争能力，过分削减营销支出则会让企业逐渐丧失市场竞争力。企业应积极推广精细化管理的责任会计，细化核算单元，专注可控成本。各部门按照"谁主管谁负责"的原则，建立成本控制量化分解体系，形成责任共担、利益共享、相互监督、相互制衡的运行机制，助力企业管理效益的提升。美国麻省理工学院曾以汽车工业为例进行精益生产效果的研究，发现精益生产可以使生产效率提高60%，让废品率降低50%，大大降低成本。战略企业还应将环境成本管理纳入战略成本管理体系，不能将本应由自身承担的环境成本转嫁给整个社会负担，而应评估企业生产对生态环境造成的影响，倡导循环经济和清洁生产，开展绿色成本核算，切实履行社会责任，企业生产负的外部性，追求经济价值和社会价值的协同最大化。

二、秉持互联网的用户思维和跨界思维，基于价值链进行战略成本分析

互联网的用户思维和跨界思维，要求企业在价值链各个环节建立起"以市场为导向、以消费者为中心"的企业文化，采取多样化的方式，深度理解用户，满足客户体验，通过增值服务等方式来提升用户黏性，抢占行业前沿阵地。价值链战略整合能有效降低企业的成本。"互联网+"时代的竞争不是单兵作战，而是产业链、供应链和价值链的竞争，是对消费者的响应速度以及互动能力的测试和检验。"互联网+"的社会互动已成为解决企业与消费者之间的信息不对称、消除产业间市场失灵的主要手段。价值链的功能越来越趋向资源的整合和价值的共创。社会互动影响到价值链的每一个阶段直至最上游新产品的开发。价值链上企业集群的成本的边界以及传统的劳动分工变得越来越模糊，演变为企业、消费者和各种利益相关者的价值共创。

价值链分析不仅包括行业间、企业内部和竞争商家的价值链分析，还涵盖纵向和横向

价值的分析，涉及价值转移和价值增值环节、产业内部的相互平行的内在联系。价值活动会影响企业在价值链中的成本相对地位权重。随着移动互联网智能时代的到来，很多产业的边界犬牙交错、融合共生。"产业互联网"更强调通过对生产要素的优化配置、个性化设计与制造、各个产业间的协同提高效率和大规模应用智能设备并共享信息，最大限度地降低对自然资源的损耗、提高产品对用户的价值、增强经济运行的整体效率。通过对行业价值链的分析，实现上、下游价值链的协同增值，站在整个价值链的角度分析成本结构，将行业的成本信息同步到企业的成本数据中心；通过对自身价值链的分析，消除不增值因素，为内部价值链的重构提供决策依据；通过对竞争对手价值链分析，则可以统揽全局，制定企业成本管理的竞争战略。

运用价值链进行战略成本分析，可以提高价值增值的全局可视性，对价值增值的环节可以进行全景式扫描，整合内部生产数据、外部互联网数据和企业上下游数据，拓宽成本管理的空间范围，由企业内部活动延伸到企业整个供应链条，拓宽成本管理的时间范围，从经营管理的层次提升到战略决策层次，利用大数据、云计算和物联网、智能终端技术，革新成本管理的方法和手段，增强"互联网+"时代企业战略管理与成本信息的匹配度，改善企业的商业竞争生态，为企业腾挪出足够的生存空间。

三、贯彻"互联网+"的思维，分析战略成本动因

"互联网+"思维，就是把产品、服务做到极致，超越用户预期。产品和服务的设计要抓住消费体验的关键点，用"互联网+"思维创新产品。为此，企业应从成本的起源展开成本动因分析，凭借资源耗费的因果关系进行分析。成本动因即导致成本发生的因素。产品消耗作业，作业消耗资源，作业成为联结产品和资源的纽带。成本动因分析的目的就是通过探索各类不增值作业根源，优化成本动因。战略层次上的成本动因可分为结构性成本动因和执行性成本动因，前者为战略成本管理目标的实现提供组织保证，后者为战略成本管理目标的实现提供效率保证。

实施战略成本管理就应当考虑成本信息与成本管理的相关性，对各环节的成本动因加以分析从而确定管理重心。例如，企业获得的业务优势、捕捉的市场机会、创新的技术工艺和营造的企业文化等都会影响产品成本动因分析，管理者应当充分重视非生产环节的成本动因分析。战略成本动因分析有助于企业战略成本定位，关注企业竞争地位和竞争对手动向的变化，以建立与企业战略匹配的成本战略。

四、借用"互联网+"的平台思维，建立战略成本管理信息系统

"互联网+"的平台思维就是开放、共享、共赢的思维。平台模式的精髓，在于打造

一个多主体共赢互利的生态圈。"互联网+"的平台思维落脚到企业战略成本就是建立战略成本管理信息系统。"互联网+"时代企业战略成本管理急切需要信息系统作支撑平台，战略成本管理的信息化推动着成本共享中心的快速发展，生成面向战略决策的、高价值的成本数据，既是企业的资源力和执行力，也是企业的控制力和决策力，体现了企业的管理智慧。战略成本管理提供的成本信息的覆盖面更广，层次更丰富，准确性更高，及时性更强。战略成本管理需要信息系统作支撑。例如，青岛啤酒在实施战略成本管理过程中与现代信息化技术的发展趋势相结合，建立了以 Oracle ARP 为核心的 ERP 信息系统，对公司总体业务的信息化进行规划，实现了公司业务的整合及资源的优化，提高了资源的利用效率，进而节约了企业的成本，提高了企业的竞争力。成本管理的内部评价和绩效管理机制，可以促进企业成本管理部门和业务部门之间的横向联系和团队协作能力，保持成本战略管理信息系统的稳定性和可靠性，有利于及时反馈成本管理的各项活动绩效，提升绩效目标，提高成本科学管理和规范管理的水平。绩效评价指标体系，应囊括财务能力、客户满意度、成本管理效益和竞争能力等多个层面。

五、聚焦"互联网+"的虚拟思维，树立风险防控意识

"互联网+"的虚拟思维是指企业时刻处在虚拟的空间和环境中，战略成本管理面临极大风险。从企业面临的外部环境层面分析，当前我国经济进入新常态，经济发展面临着速度变化、结构优化、动力升级三大挑战，宏观调控体系呈现区间弹性调控与结构性定向精准调控相结合的特征。由于资本游离于实体经济之外服务虚拟经济，企业的规模扩张和技术创新缺乏资本保障，融资困境没有得到根本扭转。从企业内部层面分析，企业提供的产品和服务与市场需求的对接程度、市场占有率、产品研发设计水平、成本结构的变动、售后服务的满意度存在较大变数等。这些和大数据、云计算、物联网的时代背景相互叠加，企业"互联网+"时代经营环境的不确定性不断加大，企业战略成本管理实施过程中面临风险环境复杂、风险因素众多和风险程度加剧。企业可以提高自身的信用水平，借助互联网金融中众筹融资的方式降低资金成本，解决融资难、融资贵和融资险的难题。还应开展成本抉择关系分析，平衡成本与结构、成本与质量、成本与效率、成本与竞争能力、成本与收益之间的关系。

"互联网+"时代企业之间的竞争格局也必然从封闭型趋向开放型并处于日益全球化和智能化的进程之中，"互联网+"时代企业的战略成本管理是管理战略、成本信息和现代技术的结合，是企业全员管理、全程管理、全环节管理和全方位管理，多中心、同步快捷的成本信息采集、处理、储存和传递方式使全员决策、实时决策成为现实。

当前看企业的战略成本管理有没有潜力，就要看其和"互联网+"融合程度，就要看

互联网思维贯彻得是否彻底，就要看企业的整个生态链是否完善。能够在意识和行动上用"互联网+"的思维重构战略成本管理的企业，才是真正和最后的赢家。

第五节   "互联网+"时代财务决策战略创新

一、财务数据与财务决策

海量的数据资源背后是对传统人类行为分析工具的彻底突破，过去的商业决策更多依赖于经验、直觉或小样本调查的统计推论，而"互联网+"时代的决策更多要依靠全面的数据分析，大数据背景下，消费者各种行为与特点的发展变化更容易被记录、观察、分析和了解。因此，"互联网+"时代快速满足消费者需求成为企业的核心竞争力。

"互联网+"时代的大数据将推动来自各个渠道的跨界数据进行整合，促使价值链上的企业相互连接，形成一体。地理上分布各异的企业以消费者需求为中心，组成动态联盟，将研发、生产、运营、仓储、物流、服务等各环节融为一体，协同运作，创造、推送差异化的产品和服务，形成智能化和快速化的反应机制。"互联网+"时代，企业间通过信息开放与共享、资源优化、分工协作，实现新的价值创造。"互联网+"时代的到来给企业财务工作带来了新的思路，利用分析工具可以从海量数据中挖掘出有用信息，并以科学的分析预测方式帮助企业规避风险，进行精准的财务管理与决策。云会计结合大数据技术在企业财务领域中的应用，将给企业带来更多的经济价值，提高企业在全球经济一体化下的核心竞争能力。

为了更好地了解大数据的规律，在具体操作层面上，财会人员所面临的挑战是需要将经营指标转换成财务结果指标，抓住最重要的关键绩效指标（如转换率、客户流失率）并在每个月考核这些指标。企业财务决策离不开各种财务数据和非财务数据之间的相关性分析，它需要财务业务数据的有机融合。基于云会计平台，在抽取、转换、加载与企业财务决策相关的各种结构化、半结构化、非结构化类型的财务和非财务数据之后，通过大数据技术，分析数据之间的关联关系并挖掘出数据背后蕴含的巨大价值，可以为实现科学合理的财务决策提供支撑。

二、财务管理决策流程创新

"互联网+"时代，企业财务管理决策不同于之前的管理与决策方式，这种变化影响着企业对于数据的态度和运用，促进了企业间及企业内部的信息传递与交流。在种类繁多的数据下，企业的决策者和管理者对于决策的能力及效率有所提高进而影响了企业的内部结构以及新形式的学习型组织的构建。同时，"互联网+"时代大数据的出现，对于企业决策技术提出了更高的标准，影响着企业的销售策略、企业的网络生态建设、企业的商业模式等的转变等。因此，对于财务行业来说，深入挖掘数据，不仅是对数据规律的探索，也是对传统的财务计划和分析缺陷的弥补。从一般意义上讲，传统的财务分析能做的仅是分析财务结果、了解不同产品或业务的盈亏状况，分析的主要对象是相对的数段的数据，但如果财务人员要挑起重任，给决策者提供信息，就必须到前端的数据中去挖掘。决策是企业财务管理的重要职能，贯穿于企业财务管理的各个环节和职能系统中，科学决策是财务管理的核心，而决策的关键是决策的程序和流程。

"互联网+"时代，企业财务管理决策的流程将发生根本性变革，基于"互联网+"的财务决策流程包括四步。企业财务决策所依赖的数据源，均可以通过互联网、物联网、移动互联网、社会化网络等多种媒介、借助云会计平台，从企业、工商部门、税务部门、财务部门、银行等财务决策利益相关者中获取；同时，借助大数据处理技术和方法实现对获取数据的规范化处理，并通过数据分析与数据挖掘技术提取企业财务决策相关的政府监管、纳税、会计和审计等信息，然后通过商业智能、可视发现、文本分析和搜索、高级分析等技术服务企业的各种财务决策。

在这种变与不变之中、财务人员需要放眼企业的整体运营，通过财务流程对企业的现金流、资源配置、风险管控、收购兼并等进行管理，利用大数据等工具深度挖掘分析数据、达到前后端数据的完美衔接。要在正确的时间从海量的数据库中提取数据难度较大，财会人员的职责将涵盖管理企业数据库内的所有数据（包括财务数据和非财务数据）、目的是提供高效的数据质量保证，用合理的成本释放企业价值。财会部门需要与企业各部门密切配合，将分散孤立的内部数据进行有效整合，通过制定有效的数据质量控制和报告制度等措施，保证数据符合相关规范以及满足企业自身要求和质量保证标准，从而提高内部数据库的安全性和完善度，提升数据价值。

综上所述，"互联网+"时代，不断发展的网络技术，大大提高了人们的信息处理能力和利用效率，提高了科技成果向现实生产力转化的速度，给企业参与市场竞争带来了新的机遇与挑战。"互联网+"时代的信息化和全球化对现代企业财务管理战略的全面创新发挥了极大的推动作用。

第九章 "互联网+"时代财务管理技术与方法的创新

第一节 "互联网+"时代预算管理创新

一、全面预算管理创新

（一）"互联网+"时代全面预算管理的机遇

"互联网+"时代的信息系统将从企业内部出发，利用集成化、价值化、智能化、网络化的管理，借助信息技术实现跨越企业边界，实现真正意义上的客户、企业内部和供应商之间的供应链管理，充分挖掘企业大环境中每一个经济元素的潜在价值以实现盈利。在"互联网+"的背景下，企业财务预算的制定不能再单纯考虑本企业内部的财务活动，而是要全面考虑网络化环境中各个企业之间的关联协作关系，如材料供应企业、产品生产企业、销售网点企业、产品开发、投资管理、决策制定部门等。只有各部门密切配合，才能制定出真正合理、动态的预算，从而达到制定预算的目的。一个企业预算的制定需要协调整个价值链上各节点企业的财务数据和财务计划，即企业的财务预算是以对各节点、关联企业的财务计划的协调和综合为基础进行的。只有这样，企业做出的预算才更具有实际效用，才能为企业的未来服务，才能为企业决策的制定、计划的实施提供参考依据，使企业朝着规范化、标准化的方向发展。

"互联网+"时代的全面预算管理一方面应该和传统的预算管理模式对接，另一方面又应该凸显其网络的功能与特性：①制定全面预算体系。企业的预算管理单位可以将全面预算体系嵌入到预算管理信息系统中，然后通过互联网下发给各下级部门；对于下级部门来说，通过网络来接受上级下发的体系并增加本部门的内容。②编制预算。在"互联网+"时代，财务人员在编制预算时主要是制定各种预算规则，将规则做出定义并存储在预算管理信息系统中。以后只需要将一些关键数据填入表中，各种计划表中的大部分数据可以根据前期定义的规则自动生成，这样极大地提高了编制预算的效率和准确性。③实时控制。在"互联网+"时代，利用预算管理信息系统设计了预算体系、编制了各种预算数据，并存放在数据库中。当经济业务（例如某一事件）发生时，该事件实时驱动相应的子系统获取信息，同时驱动预算子系统的控制器接收数据；预算控制器将预算数与实际数进行比较，根据控制方法进行有效、实时的控制。④预算分析。在互联网环境下预算分析是指计算机自动从数据库提取数据，按照分析要求自动生成预算分析结果，如异常分析、预算数与执行数比较分析等。"互联网+"时代，信息利用的价值挖掘也应更加深入。预算管理信息系统可以建立大数据平台，支持海量数据，为企业高层管理者提供强大的决策分析与风险预警信息服务。基于互联网的全面预算管理信息系统还可以通过收集预算部门数据、信息，制作"预算部门基础信息表"，掌握预算部门的收支等具体情况，进一步做好部门预算数据基础，并在此基础上做出科学的考核依据；通过建立关键指标的科学参数、分析数据变化结构和增减趋势，发现苗头性、倾向性问题，及时预警；通过挖掘信息背后有利于企业增收减支、提高效能的因素，推进企业更科学高效地发展。我们可以看到，互联网技术为企业信息化带来的不仅是基础设施的虚拟化、动态和高效率，更重要的是推动了组织架构和流程的优化、经营模式和理念的转变。

（二）"互联网+"时代全面预算管理遇到的挑战

1. 预算管理得不到足够重视

尽管全面预算管理对于企业管理可以起到相当大的积极作用，但是仍然有些企业管理层不重视预算管理，甚至没有实施预算管理等相关工作。这些企业认为预算管理费时费力，操作烦琐，执行考核形同虚设。他们对于传统的预算管理尚且有如此看法，更不要说引入互联网模式的全面预算管理了。我们认为，要解决这个问题，一方面，要使企业的管理层真正重视预算管理，使他们能够看到实施预算管理带来的企业效益的增加和管理的提升；另一方面，也要使企业的预算管理变成一种易于操作和易于执行的工作，这样才会让企业有动力去实施。这就给企业的全面预算管理软件提供商提出了新的课题，即如何开发简便易用、通用性强并且性价比高的软件。毕竟，大部分企业并不具备自行开发设计全面预算管理信息系统的条件。

2. 企业信息化建设滞后

企业的信息化建设是互联网技术大规模应用的必备条件。目前，一些企业信息化建设还跟不上时代发展的步伐。特别是我国一些中小企业，企业管理信息化程度十分低下。企业的信息化建设是一个人机合一的有层次的系统工程。企业信息化的基础是企业的管理和运行模式，而不是计算机网络技术本身，其中的计算机网络技术仅仅是企业信息化的实现手段。企业信息化的关键是企业中的人员可以充分地将信息化执行下去，没有人员的执行，根本无法谈信息化，所以，企业信息化的基础还是以人为基础的信息化。而企业信息化的重点就是人与信息化软件相结合，才能达到最大的效果。企业信息化建设滞后一定会严重阻碍企业各项功能的正常运转，其中当然也包括财务管理的各项职能。

3. 缺乏具备相关专业技能的人员

信息化条件下，对企业财务人员的知识结构有了新的要求。财务人员不能只掌握过去所学习的各项专业知识，还必须具备相应的网络和应用软件知识。这些知识就包括更为丰富的计算机操作、数据库、网络等一系列信息技术知识。"互联网+"时代，财务人员既是信息系统的使用者，同时也是系统的维护者。管理信息系统是一个人机系统，人居于主导地位，因此，必须提升相关操作人员的素质，让操作人员具备与管理信息系统相适应的思想观念和熟练的计算机操作技能以及数据库、网络技术及计算机软件设计、操作等一系列新技术和新知识。但是，目前大部分企业的财务人员素质参差不齐，特别是一些资格较老的财务人员，对于网络和计算机知识普遍比较缺乏，这些都为企业实施互联网模式下的全面预算管理带来了一定的难度。

综上所述，"互联网+"模式为全面预算管理注入了新的活力和创新动力，机遇与挑战并存。"互联网+"是一场信息革命，其核心不仅仅是技术革命，更重要的是服务理念和服务模式的革命，"互联网+"所强调的创新、共享、协同和服务正是全面预算管理模式的发展方向。

（三）"互联网+"时代全面预算管理创新

1. 提供可靠数据基础，创新预算管理模式

互联网引发企业商业模式的转变，销售预测也由原来的样本模式转变为全数据模式。随着网络技术的发展，非结构化数据的数量日趋增多，在销售预测中仅根据以往销售数据的统计分析只能反映顾客过去的购买情况，难以准确预测其未来的购买动向，因此，企业如果能将网络上用户的大量评论搜集到数据仓库，再使用数据挖掘技术提取有用信息，就能对下一代产品进行有针对性的改进，也有助于企业做出更具前瞻性的销售预测。

在预算管理方面，"互联网+"可以为建立在大量历史数据和模型基础上的全面预算的合理编制和适时执行控制，以及超越预算管理提供重要的依据。在实施责任成本财务的企业，成本中心、利润中心和投资中心根据大数据仓库的数据和挖掘技术编制责任预算，确定实际中心数据和相关市场数据，通过实际数据与预算数据的比较，进行各中心的业绩分析与考核。"互联网+"有助于作业成本管理的优化。作业成本法能对成本进行更精确的计算，但其复杂的操作和成本动因的难以确定使得作业成本法一直没有得到很好的普

及。"互联网+"时代数据挖掘技术的回归分析、分类分析等方法能帮助财务人员确定成本动因，区分增值作业和非增值作业，有利于采取措施消除非增值作业，优化企业价值链。

2. 针对差异化市场，实施精准智能预算

"互联网+"时代，给企业提供了使用数据创造差异化市场的机会。"互联网+"为更多服务创造了机会，这将提升客户满意度。"互联网+"使得直接面对客户的企业运用数据细分市场、定位目标客户、实现个性化市场提供成为可能。制造商也能利用从实际产品使用者获得的数据改进下一代产品开发，创造新的售后服务。在制造业，整合研发、供应和制造单位的数据以实现并行生产，能显著减少从产品制造到市场销售的时间，并提高质量。

"互联网+"能使企业创造高度细分的市场，并且通过精确调整产品和服务以满足这些需求。营销部门使用社交媒体信息，能从过去的客户抽样分析转变为全数据集分析，从按人口特征细分市场转变为一对一营销，从基于历史数据的长期趋势预测转变为对突发事件近乎实时的反应。一些日用消费品和服务提供商已开始使用更加成熟的互联网技术，如实时的客户微细分，对企业的促销和广告进行精准定位。企业充斥着由交互网站、在线社区、政府和第三方数据库获取的客户信息，先进的分析工具能实现更快、更有效和更低成本的数据处理，并创造出开发新洞察力的能力。由此，企业通过不断满足客户差异化需求、提供具有前瞻性的服务等手段，建立更加亲密的客户关系。

全面预算是对企业未来一定时期内生产经营活动的计划安排，通常以过去资料为基础制定预算。然而，市场处于不断发展变化过程中，依赖企业自身历史数据构建的全面预算存在着很大的不确定性，最终通常流于形式，不能切实有效地执行。互联网能够帮助企业及时掌控企业目标市场中的用户、产品、价格、成本等信息，辅助企业高效实施全面预算管理，并根据市场变化及时调整预算，真正实现企业的个性化经营，提高对市场风险的应对能力。另外，"互联网+"时代，能让企业多渠道获取信息，实现精准成本核算。成本核算是对企业经营数据进行加工处理的过程，传统的成本核算通常发生在生产过程之后，财务人员将一定时期内生产经营的费用总额进行核算，根据产品生产情况分配费用。借助互联网技术，企业能够从多渠道获取成本数据，根据实际生产数据分析制定生产工艺流程标准及材料用量标准。工资明细、进销存单据和制造费用等结构化和非结构化资料能够在信息系统中实现实时共享，使成本核算更加细致、精确，便于进行更深入的品质成本分析和重点成本分析，实现精准成本核算。

"互联网+"时代，企业根据消费者和企业策略的数据，利用商务智能新技术，开发出各种决策支持系统，从而对市场关键业绩指标进行实时性的监控和预警。移动性、智能终端与社会化互联网使企业可以实时获得消费者和竞争者的市场行为，并做出最快的反应。企业营销活动成败的关键在于是否对顾客价值进行准确的研发和判断，但由于当前顾客需求差异化、竞争行为随机化的程度不断增强，以及行业科技发展变革速率不断加快，企业实现有效预测已经变得越发困难，然而"互联网+"时代的深入，逐渐使精确预测成为可能。"互联网+"时代是一场革命，庞大的数据资源使管理开启量化的进程，而运用数据驱动决策是"互联网+"时代营销决策的重要特点。事实证明，企业运用"互联网+"时代的大数据驱动决策的水平越高，其市场与财务绩效表现越好。可见，"互联网+"时代通过强化数据化洞察力，从海量数据挖掘和分析中窥得市场总体现状与发展趋势，帮助企业提升营销活动的预见性。因此"互联网+"时代，将市场数据与财务及资本市场数据相结合，确立市场业绩和公司财务绩效的相关性和因果关系，对企业安排最优营销投资和策略具有重大现实意义。

二、"互联网+"时代的滚动预算与弹性预算管理创新

（一）"互联网+"时代的滚动预算及创新

1. "互联网+"时代提升了滚动预算结果的精准度

编制滚动预算能提高整体运营效率，而"互联网+"时代能够更好应对复杂多变的社会经济形势。编制滚动预算目的是动态预测未来运营中市场开拓、资源占用、资金匹配等各要素的处理能力契合问题，通过编制预算加强内部控制管理提升整体高效运行，在具体操作上需要确定公司的经营能力，包括财务能力、市场容量、费用政策、业务结构、现金流量分布，以及资金运用安排及固化资产结构。通过上述数据构成来规划未来各环节的管控，而"互联网+"时代，可以通过对同类行业数据的取得和分析，对比海量消费数据来判断外部市场的变化，有利于及时调整预算数据，纠正运营中的偏差，同时运用互联网进行滚动预算，既可以预测经营中的整体运行效果，又可以有针对性地对市场、成本、人工进行预测，借助外部数据的分析，使经营贴近市场，保证了信息获取的充分性，不会出现因为数据失真导致预算失败的状况。

2. "互联网+"时代拓展了滚动预算预测的涵盖范围

编制滚动预算时，所制定的时间长度和数据细分程度都是借鉴以往时段的经营状况来确定，利用的大多数是内部数据，在时间跨度上更是以年度、季度为单位进行编制。由于传统预算编制方式本身就对数据处理要求复杂，同时在编制中还要假定经营是持续进行的、市场改变是逐步变化的，且业务数量不会瞬间出现极端变化等，而在运营中，各种极端状况都有可能遇到，传统预算剔除了波动情况，导致当经营环境和经济状况出现大幅波

动时，预算数据无法跟上市场变化，加上预算时间跨度较大，不能有效纠正预算执行偏差。"互联网+"时代技术的运用，强化了对外部数据的计算分析能力，使经营者更容易把握市场变化的脉搏，缩短预算期间，有利于全面量化分析经营中的各项指标，并更多地分析外部数据为预算服务。利用"互联网+"时代的大数据技术可以大大缩短预算期间，也有利于提升运营的风险意识，加强数据处理的重视程度，使管理层更有意愿从市场反应来编制滚动预算，将分析视角外部化。

3. "互联网+"时代改变了滚动预算的功能重点

传统预算管理重点包括预测计算和能力管理两个模块，通过预测计算确定未来经营趋势，加强管理和内部控制。在执行中，通过数据分析辅助完成经营发展的目标，在分析中，逐步纠正偏差，以加强逐级逐层的控制管理，这样，可以通过对数项的多维组合进行分析比较，找到管理弱点或匹配缺口，继而进行改善，为接下来的产品效益管理奠定基础。因此，传统预算管理更多的是利用内部企业数据进行处理分析，通过加强内控的方式来提升运营效率。"互联网+"时代，将大数据分析纳入滚动预算中，在对大数据量化分析时，更容易发现运营流程的标准模式，以整合出更科学的管理手段来提升运营效率，这样使滚动预算的重点转移到战略管理和市场运营管理上，利用互联网强大的数据库和数据处理能力，在提升传统产业效率和降低其成本的同时，推动企业发展，使其具备大数据能力、基础计算存储能力、数据库检索、语义分析、深度学习等，同时了解自身在整个"互联网+"的生态链中所处的环境和位置，从而有利于经营的准确定位，及时调整运营战略。因此，利用"互联网+"时代的优势编制滚动预算有利于强化滚动预算的战略地位，形成以市场为主导的营销运算分析模式。"互联网+"运用到滚动预算中，不仅增加了全面预算管理的弹性，也使得预测的结果更接近市场的真正需求。

（二）"互联网+"时代的弹性预算及创新

1. 弹性预算法的优点与限制分析

预算不仅是控制支出的工具，也是增加企业价值的一种方法，是各部门工作的奋斗目标、协调工具、控制标准、考核依据，在经营管理中发挥着重大作用。在"互联网+"的环境下，通过改进弹性预算法，克服原有的限制，使预算编制更加准确、有效，预算控制更加精确，预算分析从事后转移为事前，促进企业进行更好的预算管理。弹性预算法又称变动预算法、滑动预算法，是在变动成本法的基础上，以未来不同业务水平为基础编制预算的方法，是固定预算的对称，是指以预算期间可能发生的多种业务量水平为基础，分别确定与之相对应的费用数额而编制的、能适应多种业务量水平的费用预算，以便分别反映在各业务量的情况下所应开支（或取得）的费用（或利润）水平。正是由于这种预算可以随着业务量的变化而反映各该业务量水平下的支出控制数，且具有一定的伸缩性，因而称为"弹性预算"。

相比于其他几种预算方法，弹性预算法有个显著的特点，它是按一系列业务量水平编制的，扩大了预算的适用范围，使预算更加接近企业的真实情况，更好地发挥预算的控制作用，避免了在实际情况发生变化时，对预算作频繁的修改。弹性预算是按成本性态分类列示的，在预算执行中可以计算一定实际业务量的预算成本，且更加准确、有效，便于预算执行的评价和考核，在成本费用的预算中应用比较广泛。理论上弹性预算法适用于所有与业务量有关的预算，但是实务中主要用于编制成本费用预算和利润预算。其原因是成本费用预算较其他预算更便于找到变动成本部分和固定成本部分。要准确找到一个最能代表生产经营活动水平的业务量计量单位，这样预算得出的结果才可能更加接近真实情况。另外，弹性预算法的两种具体方法中，由于实际生产中具体的成本项目的复杂性，此公式模型并不能完全符合未来的情况，进而对全面预算的结果造成影响。

2. "互联网+"时代的弹性预算法

"互联网+"时代促进现有弹性预算法改进，能更高效准确地进行预算，打破原有方法的一些限制。

首先，更准确选择业务计量单位。选择业务计量单位是弹性预算的基本工作。在实务中财务管理人员可能会根据经验和企业惯例来选择适合的业务计量单位。例如，以手工操作为主的车间就应选用人工工时；制造单一产品或零件的部门可以选用实物数量；修理部门可选用修理工时等。在实务中计量单位比较复杂且不容易直观判断，如车间中手工操作与机器耗用相差无几、某一车间制造多种产品等。

其次，公式法下公式的拟合度更高，降低了列表法难度。弹性预算的公式法是运用成本性态模型，预测期的成本费用数额，并编制成本费用预算，这样所形成预算的准确性不高。"互联网+"时代，企业可以利用大数据技术，在成本性态分析的基础上拟合出更好的成本曲线，而不仅仅是对成本性态的分析，更是对已有的海量数据的价值的发掘。在海量数据中提取出需要的业务及它们对应的成本额，用计算机技术把这些数据点描绘在一个坐标图上，作为预算的公式所用。列表法是在预计的业务量范围内将此业务分为若干个水平，然后按不同的业务量水平编制预算。列表法虽可以不必经过计算即可找到与业务量相近的预算成本，但在评价和考核实际成本时往往需要使用插补法来计算实际业务量的预算成本，比较麻烦。大数据技术拟合出的曲线能进行很好的预算，降低了列表法的难度。

最后，加大预算范围。理论上弹性预算法适用于所有与业务量有关的预算。但是实务中主要用于编制成本费用预算和利润预算，即使有些预算如销售预算等，不便于利用成本性态模型分析的预算，可用"互联网+"时代的大数据技术获取以前年度的相关数据建模分析，得出所要的预算，以此来扩大预算的范围。这样可以使预算更加完整，以实现企业的总目标，减少因各级各部门职责不同而出现的相互冲突的现象。

第二节 "互联网+"时代筹资活动创新

一、创新筹资观念——由单纯"筹资"转向注重"筹知"

"互联网+"时代，知识和掌握知识的人力资源将比资本和土地等有形资源为企业创造更大价值，企业要想保持活力以及恰当地应对环境变化，"人"无疑是基础。人之所以重要，是因为其具有学习知识、将知识转换为现实生产力的主观能动性。实践表明一个企业能否持续发展，关键在于其是否拥有和掌握了新知识和新技术，进而形成其核心竞争力。因此，在企业筹资活动中，所筹集的资本，应当既包括财务资本，又包括知识资本，并尽可能多地从外部吸收知识资本，用以改善企业的软环境，同时还应有开发和培育知识资本的意识。这需要创新财务理念，在"以人为本"基础上，形成劳动者权益财务，将拥有创新知识的专业化人才以知识资本作价入股公司，形成所有者权益，将个人的报酬与企业业绩紧密联系起来，形成长效激励机制，激发人才为企业发展献计献策，实现企业价值最大化的财务管理目标；企业也可以以自己的科技实力与其他公司联合，取得充足的资金，研发实现单个企业无法进行的项目。此外，企业还可以利用无形资产进行资本运营来扩大企业规模，包括特许加盟、无形资产抵押贷款筹集资金。

二、拓展筹资工具——利用金融创新产品

"互联网+"时代，动态多变的环境使得企业的经营具有高风险的特征，为了能在该环境中健康成长，企业应改变其传统的筹资方式，选择那些既易被投资者接受又能分散风险的方式。传统单一的筹资方式缺陷明显：商业贷款的苛刻条件，尤其是银行为满足安全性和流动性要求，更多采用抵押贷款，结果是贷款资金在整个资金来源中所占比重有下降趋势，对于高风险的中小企业，甚至基本上无法获得贷款；在股票筹资中，投资者倾向于有累积股利的可转换优先股；可转换债券的负债和权益筹资的混合属性为投筹资双方带来的灵活性，使其成为债券筹资的创新品种；由商业信用支撑的商业票据受制于工商企业自身的财务状况，其运用将越来越少。

为迎合广大投资大众和企业筹资活动的需要，金融机构会越来越多地推出各种类型的金融创新品种，也成为企业筹资的新方式。目前，由基础金融工具和衍生金融工具所形成

的金融产品数不胜数，因为有关合同一项条款的变动就会形成新的金融产品，常见的有期货、期权、货币互换，复杂一点的有房地产抵押贷款债券、债务抵押债券和信用违约掉期等。随着网络银行的普及，其方便、快捷的服务，将企业与金融机构紧密地联系起来，增加筹资工具，可以更灵活地选择筹资方式。

三、拓宽筹资渠道——筹资活动走向国际化

"互联网+"时代，网络技术渗透到经济活动的每个角落，发达的金融网络设施、金融机构的网络服务，使得网上筹资成为可能。遍布全球的网络已将国际金融市场联结起来，一天二十四小时都可以进行交易，已实现了金融交易全球一体化，北美市场、欧洲市场和亚洲市场具有很强的联动效应，各自很难独立兴衰。由此，企业在筹资选择时，所面对的也将是一个全球化的国际市场，各大证券交易所奔赴全球争取客户即是证明。"筹资空间"扩展、"网上银行"开通以及"电子货币"使用，为资本国际流动插上了翅膀，加快了资本在国际的流动速度，但是同时加大了筹资风险。在国际化市场中筹资，由于涉及货币兑换，企业必须关注汇率、利率波动，最好能利用套期工具锁定筹资风险。具体来说，企业在筹资中，同时要学会运用货币互换、远期外汇合约交易、期权交易等创新型的金融工具及衍生工具控制相关风险。

四、开发大数据筹资方式集群创新

"互联网+"时代的筹资，其数量和质量成为企业首先要关注的两个基本因素，也是最重要的方面。企业在保证资金量充足的同时，也要保证资金来源的稳定和持续，同时尽可能地降低资金筹集的成本。这一环节降低筹资成本和控制筹资风险成为主要任务。根据总的企业发展战略，合理拓展筹资渠道、提供最佳的资金进行资源配置、综合计算筹资方式的最佳搭配组合是这一战略的终极目标。随着"互联网+"时代的深入，企业的财务资源配置都倾向于"轻资产模式"。轻资产模式的主要特征有：大幅度减少固定资产和存货方面的财务投资，以内源筹资或OPM（用供应商的资金经营获利）为主，很少依赖银行贷款等间接筹资，奉行无股利或低股利分红，时常保持较充裕的现金储备。轻资产模式使企业的财务筹资逐步实现"去杠杆化生存"，逐渐摆脱商业银行总是基于"重资产"的财务报表与抵押资产的信贷审核方法。在"互联网+"经营的时代，由于企业经营透明度的不断提高，按照传统财务理论强调适当提高财务杠杆以增加股东价值的财务思维越来越不合时宜。另外，传统财务管理割裂了企业内筹资、投资、业务经营等活动，或者说企业筹资的目的仅是满足企业投资与业务经营的需要，控制财务结构的风险也是局限于资本结构本身来思考。"互联网+"时代使得企业的筹资与业务经营全面整合，业务经营本身就隐

含着财务筹资。大数据与金融行业的结合产生了互联网金融这一产业，从中小企业角度而言，其匹配资金供需效率要远远高于传统金融机构。以阿里金融为例，阿里客户的信用状况、产品质量、投诉情况等数据都在阿里系统中，阿里金融根据阿里平台的大数据与云计算，可以对客户进行风险评级以及违约概率的计算，为优质的小微客户提供信贷服务。

集群供应网络是指各种资源供应链为满足相应主体运行而形成的相互交错、错综复杂的集群网络结构。随着供应链内部技术扩散和运营模式被复制，各条供应链相对独立的局面被打破，供应链为吸收资金、技术、信息以确保市场地位，将在特定产业领域、地理上与相互联系的行为主体（主要是金融机构、政府、研究机构、中介机构等）建立一种稳定、正式或非正式的协作关系。集群供应网络筹资就是基于集群供应网络关系，多主体建立集团或联盟，合力解决筹资难问题的一种筹资创新模式。其主要方式有集合债券、集群担保筹资、团体贷款和股权联结等，这些方式的资金主要来源于企业外部。大数据可以有效地为风险评估、风险监控等提供信息支持，同时通过海量的物流、商流、信息流、资金流数据挖掘分析，人们能够成功找到大量筹资互补匹配单位，通过供应链金融、担保、互保等方式重新进行信用分配，并产生信用增级，从而降低了筹资风险。

从本质上讲大数据与集群筹资为筹资企业提供了信用附加，该过程是将集群内非正式（无合约约束）或正式（有合约约束）资本转化为商业信用，然后进一步转化成银行信用甚至国家信用的过程。大数据中蕴含的海量软信息颠覆了金融行业赖以生存的信息不对称格局，传统金融发展格局很可能被颠覆。如英国一家叫 Wonga 的商务网站就利用海量的数据挖掘算法来做信贷。它运用社交媒体和其他网络工具大量挖掘客户碎片信息，然后进行关联、交叉信用分析，预测违约风险，将外部协同环境有效地转化成为金融资本。在国内，阿里巴巴的创新则是颠覆性的。它将大数据充分利用于小微企业和创业者的金融服务上，依托淘宝、天猫平台汇集的商流、信息流、资金流等一手信息开展征信，而不再依靠传统客户经理搜寻各种第三方资料所做的转述性评审，实现的是一种场景性评审。阿里巴巴运用互联网化、批量化、海量化的大数据来做金融服务，颠覆了传统金融以资金为核心的经营模式，且在效率、真实性、参考价值方面比传统金融机构更高。大数据主要是为征信及贷后监控提供了一种有效的解决途径，使原来信用可得性差的高效益业务（如高科技小微贷）的征信成本及效率发生了重大变化。但是，金融业作为高度成熟且高风险的行业，有限的成本及效率变化似乎还不足以取得上述颠覆性的成绩。

传统一对一的筹资受企业内部资本的约束，企业虽然有着大量外部协同资本，但由于外部人的信息不对称关系，这部分资本无法被识别而被忽略，导致了如科技型中小企业的筹资难等问题。通过大数据的"在线"及"动态监测"，企业处于集群供应网络中的大量协同环境资本将可识别，可以有效地监测并转化成企业金融资本。阿里巴巴、全球网等金融创新正在基于一种集群协同环境的大数据金融资本挖掘与识别的过程，这实际上是构建了一种全新的集群筹资创新格局。集群式企业关系是企业资本高效运作的体现，大数据发展下的集群筹资创新让群内企业有了更丰富的金融资源保障，并继续激发产业集群强大的生命力和活力，这是一种独特的金融资本协同创新环境。根据大数据来源与使用过程，大数据发展下集群筹资可以总结为三种基本模式，分别是"自组织型"大数据集群筹资模式、"链主约束型"的大数据集群筹资模式，以及"多核协作型"的大数据集群筹资模式。阿里巴巴、Lending Club 代表的是"自组织型"模式；平安银行大力发展的大数据"供应链金融"体现的是"链主约束"模式；而由众多金融机构相互外包的开放式征信的"全球网"，正好是"多核协作型"模式的代表。

五、利用"互联网+"降低资金成本

企业资金成本包括资金筹集费用和资金使用费。在"互联网+"时代，企业应充分利用网络优势降低这两部分费用，从而降低企业资金成本。

一般而言，资金筹集费用又可大致分为直接成本和间接成本。人们往往关注从财务角度能够直接计量的成本，直接成本，如证券的制版、印刷、中介鉴证、发行承销等支出上；而对于企业在筹资前期花费在方式选择、与有关方谈判及其他间接成本考虑不够。实际上，该部分也是资本成本的组成部分，在我国重人际关系的传统文化中，该部分成本有可能还占相当比重，其高低直接决定企业资金成本。"互联网+"提供的信息平台，为资金供求双方提供了交互式查询渠道，资金供求双方通过网上查询，寻找合意的合作伙伴，并通过网络实时沟通部分细节，甚至可以完成整个的谈判过程，由此形成的筹资业务，显而易见地节约了筹资费用。同时，网络也便利了资金供需双方直接交涉，省去了中间环节，减少发生信息扭曲的机会；电子货币通过网络银行能够实现货币资金的不受时间限制地、无纸化流动，提高资金使用效率，这些便利条件大大减少了资金筹集费用中的中介费、差旅费、印刷费等。

"互联网+"时代打破了地区界限，拓展了企业筹资空间，为企业选择资金供应方大开方便之门，从而有利于降低企业的资金成本。在传统筹资环境中，企业受信息搜集高成本、沟通不及时等因素所限，筹资呈现出本土化特征，本地资金提供方处于某种程度的垄断地位，资金使用成本自然偏高。在"互联网+"时代，企业通过网络可以便捷地获得全国甚至全球范围内资金供应信息，自愿选择资金供应方，只要国家政策允许，企业可以向任何地区的资金供应方进行筹资，这一变革，实际上打破了传统模式中资金供应方的地区垄断地位，形成有竞争的资金供应市场，由于竞争的加剧，资金使用费势呈下降的趋势，这使企业有更多的机会获取低成本的资金。

DPO（Direct Public Offering）在 1994 年最先出现于美国，当年 28 家小企业通过发行股票上市交易筹集资金（我国首批也是 28 家）。就是通过互联网直接公开发行，即发行股票的公司不通过承销商、投资银行，而通过互联网，在网上发布上市公司信息、传送发行文件。不像那样有要求严格的注册程序和信息披露要求，充分利用网络提供的跨空间优势，把上市公司与投资者联系起来，节约了筹资成本。

第三节 "互联网+"时代投资活动创新

一、充分利用"互联网+"的优势，提高实业投资收益

首先，要善于洞悉投资机会。在动态的经济环境中，投资机会稍纵即逝，而对机会的把握有赖于企业对自身优势以及外部环境的准确分析，企业可以通过 SWOT 进行。机会与企业内外部环境的变化密切相关，变化之中往往孕育着巨大的投资机会。人类社会的发展就是一个持续变化的过程，没有变化就没有发展。而人类社会加速发展的趋势意味着变化的加速，不可思议的瞬息万变已逐步成为现实。在这一背景下，把握投资机会的前提是对瞬息万变的企业内外部环境的把握，从看似无序的变化中预测发展趋势，寻找投资机会。对于传统环境下的企业来说，这简直是不可想象的，只有极少数的企业有充足的人力、物力及财力来建立信息机构搜集来自世界各地的相关信息并进行加工处理，以从中发掘投资机会，但是这样的代价是巨大的，实现这样的信息搜集与分析无论是在效率方面还是在效益方面都难尽如人意，即使是兴起的专业信息公司，由于其中介性，难以实现与实体企业的需求无缝链接，而作用有限。"互联网+"时代，互联网可以将全球各地的海量信息传输于网络终端，极大地提升了企业挖掘投资机会的能力，并且成本低廉。

其次，利用"互联网+"的平台，搞好投资项目管理。在"互联网+"时代，全球经济一体化的进程大大加快，企业跨地区、跨国投资活动迅猛增长，这就提出跨国管理的问题。与本地区或较近区域范围的投资管理相比，跨地区、跨国投资活动中的投资管理有其独特、复杂之处。由于地域范围的扩大，在传统管理模式下，企业管理层要想了解投资项目中的详细信息，如货币资金使用、存货周转、应收账款收回以及企业行政管理等方面，与本地投资项目相比，就要困难很多。虽然在互联网出现之前，企业管理中各种通信技术的运用在一定程度上能够实现远程管理，但是这些通信技术支持的投资管理存在时滞问题以及高成本的问题。相比较而言，"互联网+"时代的技术是一种更先进的通信技术，将其运用于企业管理之中可以实现实时远程监控，既有文字、数字信息还有影像信息，这为

缩短监控时滞、提高监控效率都提供了技术上的保障。这一技术的保障一方面能够提高企业跨地区、跨国投资项目管理质量，另一方面，由于这一技术的运用，企业为管理同一投资项目所需花费的人力和财力都大大减少，这样，企业就可以有更多的时间和精力来实施其他投资项目，这会促进企业增加对外投资量，在保证投资管理质量的前提下，追加投资数量。

二、优化产权结构

（一）组建"虚拟企业"优化产权结构

在传统的经济环境下，企业通常采用纵向一体化的方式保证企业与其存货供应商、分销商之间的稳定合作关系。纵向一体化通过企业投资自建、投资控股或兼并等方式来控制对向其提供原料、半成品或零部件的企业及分销商，即以"产权"控制为纽带来稳定核心企业与其供应商及分销商之间的合作关系。应当说，在市场环境相对稳定的情况下，这种纵向一体化有助于强化核心企业对原材料供应、产品制造、分销及销售的全过程控制，使企业在激烈的竞争中处于主动地位。但是，随着"互联网+"时代的到来，企业的经营环境发生了巨大变化，突出表现是企业所面对的是一个瞬息万变的买方市场，在此背景下，企业对未来的预测越来越不准确。与此相应，企业要想保持其在市场竞争中的主动地位，就必须具有能够对市场中出现的各种情况做出快速反应的能力，而以往的纵向一体化的模式显然难以实现这一目标。因为在以产权为纽带模式下，核心企业与其供应商及分销商之间形成的是一种非常稳固的长期关系，而稳固的关系是建立在为把握以往的经验市场机会基础上的。当这种市场机会不复存在时，或者企业因需要适应新的市场需求而另起炉灶时，解除这种稳定关系绝非易事。基于此，组建虚拟企业成为网络经济环境下企业的必然选择。"虚拟企业"是企业适应市场需求，放弃过去那种从设计到制造，甚至包括销售都由自己一体来实现的经营模式，而在全球范围内寻找适当的供应商及分销商，通过与它们建立伙伴关系而结成利益共同体，形成战略联盟，是一种松散的暂时性合作组织，在相关的市场机会消失时就解除，这样组织成本比纵向一体化的运作要低得多。而互联网、大数据为企业寻找合作伙伴提供了广阔空间，因此，组建"虚拟企业"是网络经济时代产权投资的重要形式。

（二）无形资产在产权投资要素中的比重提高

无形资产的巨大潜力使其在网络经济中发挥着重要作用，企业接受的投资也出现无形化的趋势。知识已经转化成资本，成为企业生产和再生产过程中不可或缺的要素。企业在进行产权投资时，运用知识产权等无形资产形式将越来越普遍，从而在整个产权总量中，无形资产所占比重呈上升趋势，这就提出了加强无形资产投资管理的问题。目前，新成立的一些企业，给具有技术特长、开拓创新能力强的人员一定比例的技术股，因这些人的知识技能、潜能会给企业未来带来经济利益的流入。

（三）交叉持股，形成紧密的资金联合体

现代经济是建立在分工基础上的，经济越发展，分工越细化。为了获得最大效益，企业与个人均在其具有比较优势的领域从事经营活动。"互联网+"时代，企业之间、人与人之间便捷的沟通为分工与合作提供更大的发展空间。这也促使企业及个人寻找自身优势即核心能力，从而在经营中取得比较优势。针对某一企业而言，在确定自己的核心能力之后，就应当发挥其核心能力去从事相应的经营活动，其他业务则交由其他企业去完成。在这种思路下，企业的分工合作关系将被赋予新的内涵，形成分工合作关系，即企业之间的战略联盟或伙伴关系。企业的产权投资活动也将围绕这一中心展开，而要实现这种战略联盟或伙伴关系，签订协议是一种方式，而交叉持股既是一种传统的模式，也是一种各方相互牵制的重要方式。

三、进行证券和基金投资

（一）投资品种丰富

网络平台加上金融工程为投资者创造了丰富多样的金融产品，从而企业在从事闲置资金管理时有了更大的选择空间。投资品种的丰富，一方面可以使企业通过选择证券和基金投资组合分散投资风险，另一方面也使企业的投资活动日趋复杂，需要谨慎管理。

（二）投资的区域范围扩大

在全球经济一体化的背景下，为企业筹资及投资者服务的资本市场亦呈现出国际化的趋势。目前，发达国家的主要交易所都已经发展成为国际性的交易所，吸引国外公司上市。与此同时，越来越多的企业选择海外市场作为筹集资金的对象，越来越多的投资者参与国外投资。"互联网+"时代，市场的国际化步伐进一步加快。一方面，国际互联网的普及使投资者能够便利地查询世界各地上市公司的财务状况、经营状况等信息，还能了解各国的宏观经济政策及其他影响证券和基金市场的因素；另一方面，互联网技术在证券和基金交易中的运用，使得投资者在家里就能投资于其他国家和地区。

(三) 网上业务优于传统业务模式

"互联网+"时代的发展不仅使证券和基金市场具有新的特征，同时，它也运用网络，开展网上交易的新证券业务模式，从而改变了企业证券投资形式。网上证券业务是以互联网为交易平台，在互联网上就能实现从开户、委托、支付、交割到最终清算等的整个证券交易过程，投资者还能在线获得与证券交易有关的资讯服务，例如腾讯财付通与多家金融机构合作为投资者提供的微信和QQ理财通，就是"互联网+"时代方便快捷的网上投资模式，既有货币基金、指数基金，也有证券业务和保险理财，相对于传统的证券业务模式，网上投资业务的优势有以下四方面：

1. 成本低廉

在传统投资业务模式下，经纪商作为交易中介，其在经营证券等业务的过程中将产生人工成本、场地成本、水电费等许多费用，而这些费用在网上证券业务模式下，由于人员的减少、场地占用小等，就会大大下降。在竞争激烈的市场中，由经纪商成本下降所带来的收益将由经纪商和投资者分享，这体现为与传统证券业务模式相比较的成本优势，这一优势也是促使投资者积极采用网上交易的重要动力。

2. 便利程度高

投资者无论身处何时何地，只要能通过计算机或手机终端连接互联网，就可以非常便捷地通过互联网获取相关信息，做出证券或基金买卖决策，并通过移动互联终端操作实施，其便利程度的提高是网上投资业务迅速发展的重要原因之一。

3. 投资交易相关资讯服务全面、快捷

对于投资者来说，科学合理投资的前提是拥有据以分析进而做出决策的相关信息。网上业务的开通，使投资者可以通过移动终端随时获取即时资讯以及相关机构的分析报告，这些信息的获取在很大程度上为投资者的投资决策提供依据。与传统投资业务模式相比，资讯优势也是网上业务对投资者具有极大吸引力的一个方面。

4. 个性化的投资咨询与服务

上市公司、基金公司、证券公司、证券交易所以及监管部门都可以通过开设网站，提供投资咨询与服务业务，提供软件，让投资者根据其风险的偏好、期望的投资报酬率等，结合其资金量，为其量身推荐投资组合，实现投资者的增值目标；甚至可以通过网上交互平台，实施实时互动沟通，在网上为投资者提供投资服务。这也是网上业务比传统证券业务模式有优势的重要方面。

对"互联网+"时代的企业证券或基金投资者来说，上述网上业务的优势，无疑是很有吸引力的。随着网上业务服务内容的增加以及服务质量的提高，关键是网络安全性程度的保障下，网上交易方式必将成为许多企业进行投资时的重要选择方式。

第四节 "互联网+"时代分配活动创新

一、虚拟企业的利润分配

如前所述，"虚拟企业"尤其是以某一短期合作项目为目的的"虚拟企业"只是一种临时性的行动组织，其利润分配政策也应突出这一特点。对传统企业来说，制定其利润分配政策的关键是确定利润的分配比例，即股利支付率。并且传统企业基于长期可持续发展的考虑，会将企业当年实现的利润留存下来，以备扩大经营规模，并且现金流不足时也会不分配或者推迟分配，《公司法》也规定了无利不分的基本原则。而短期"虚拟企业"作为一种短期的动态联盟，在相关项目合作完成之后，即会宣告解散。因此，该类企业在确定利润分配政策时，就不需要考虑企业的长远发展，将其所获得的利润全部分派，即其存续期间股利支付率可达百分之百；更为激进的是，其还可以参考消耗资产的处理方法，即在发放股利时退回部分初始投资。

二、利润分配的基础——"知本"

"互联网+"时代，知识已成为推动经济增长的重要动力，在现实中，通过掌握一定知识的人转化为人力资本或其他无形资产，同物质资本一起参与价值的创造，并且知识已成为比物质资本更为重要的生产要素，就必然要求同物质资本一起参与分配，即人力资本拥有者除获得工资外还要求享有一定的剩余索取权。人力资本主要以股份支付计划的形式参与利润的分配，这在西方国家已很普遍，并日益成为企业高管及重要人员的主要收入来源，我国相关配套政策《中华人民共和国公司法》《上市公司股权激励管理办法试行》《股份支付准则》等已经出台，为人力资本参与分配提供政策依据。

三、知识资本的利润分配形式

（一）对著作权产品采用版税形式

版权是知识产权的重要组成部分，而版税是针对版权支付的一种报酬形式，它是指著作权人或所有者享有作品的财产权益，通常按著作出版发行的销售收入的一定比例来提取。其中作品包括文字作品，口述作品，音乐、戏剧、曲艺、舞蹈作品，美术摄影作品，电视、电影、录像作品，工程设计、产品设计图纸及其说明，地图、示意图等图形作品，计算机软件等。

（二）对发明等采用专利权及非专利技术形式

专利指发明人对其发明创造拥有所有权、使用权、制造产品权、销售产品权和出口产品权。包括发明专利、实用新型专利和外观设计专利。专利体现了知识资本拥有者享有在其转让过程中的经济价值，明确了发明人的经济财产权。

非专利技术，也称专有技术，是指从事生产、商业、管理和财务等活动的一切秘密知识、经验和技能，包括工艺流程、公式、配方、技术规范、管理和销售技巧与经验等。非专利技术的特殊之处在于其不为外界所知并且不享有法律保护，靠自己保密来维持，但是与其他的知识资本一样，可以给企业带来经济效益。

专利及非专利技术都是知识资本常见的分配形式，一般来说，它们通过两种途径参与利润的分配：一是一次转让，由专利及非专利技术的购买者在使用专利获得超额利润之前，就将利润支付给专利及非专利技术所有者，对专利权人来说，就是一次性获取专利及专有技术转让费，这样专利出让者就不承担专利及非专利技术的市场风险，也不享有其以后的市场价值增值；二是转让使用权，企业将所拥有的专利及非专利技术的使用权让渡给他人，通过收取租金参与利润分配，出让者与受让者均可以使用出让的专利及非专利技术，即各方有条件地使用，其特点是风险大，同时回报也比较高，让市场收益检验其知识资本的"含金量"。

（三）对商标等采用特许权形式

商标是企业产品服务特性的外在标识，它体现了企业生产经营管理的理念文化等，是企业长期积累的结果，能够为企业树立良好的社会公众形象，从而实现其价值。其参与利润分配的形式主要是转让收入和收取品牌和商标使用费。

（四）技术入股

技术入股权是指以技术发明和技术成果等经评估作价作为投入要素，享有企业权益，以其为依据享有收益权的一种利润分配形式。从理论上讲，经营管理经验、特有技能等都可以作为智力资本投入要素分享企业股份及其收益。技术股权是知识资本分配的一种较高级形式。技术发明的魅力，不仅在现实回报，还在于价值增值的长期回报，更在于股权的回报。

（五）股票期权制度

股票期权，是指赋予持有者在一定时期内购买一定数量公司股票的权利。持有股票期权的人员可以在规定的时期内以合约约定的行权价格购买标的公司的股票，这一购买过程称为行权。既然是一种权利，若行权期内公司的现行股价低于其行权价，持有人就可以放弃，此时，持有人不会有任何现金的损失。而如果行权期内公司股票市价若高于行权价格，则两者的差价即是期权持有人的现金净收益（扣除交易费用）。根据期权性质（欧式或者美式期权），持有人在满足行权条件的期间内可以自行决定行权的时间，行权后，符合条件就可以转让所得股票。股票期权产生于 20 世纪 70 年代，普遍使用则是在 20 世纪 80 年代，它是股份分配形式的发展，其重要特征是公司通过无偿赠予股票期权的形式，将企业利益与员工承担的经营风险联系起来，激励员工努力工作获取收益分配的同时为企业创造价值，这种分配形式将成为"互联网+"时代知识资本参与利润分配的重要形式。

股票期权主要有股份认购期权、限制性期权、股票升值权、"影子"股权等形式。股份认购期权，是指赋予企业员工在一定时期内完成事先约定的经营目标后按约定价格认购一定数额的股票的权利。当企业股票市场价格上升后，持有人可以通过行权、出售获得行权价与市场价之间的价差。限制性期权，是指在行权时必须具备某些限制性条件的期权，包括期限限制或业绩限制条件。股票升值权，是指把股票期权的兑现条件与企业绩效指标挂钩。当企业效益上升时，可按股票升值部分兑现奖励。"影子"股权，是指企业按照确定给职工的股票期权数量，发给员工"股票券"，而不需要员工购买与期权数量相应的股票数量，但是，当股票增值时，"影子"股票则可像股票期权一样，持有者有权获得股票差价的现金收入。

"互联网+"时代呼唤财务管理的创新，"互联网+"时代的经济环境相对于传统经济环境而言，最大的变化是网络技术的广泛运用，这改变了财务管理的环境。从"电子政府"、网络税收征管、家庭办公、网上购物、电子商务的开展、"虚拟企业"的组建到远程控制等新事物都是建立在互联网的基础上。互联网的特性使得网络经济具有虚拟性、动态性、知识性、国际性、时效性等特点。环境条件的改变促使企业创新财务管理活动各环节，以适应时代要求。"互联网+"时代，企业财务管理活动的全面创新依赖于网络信息资源和网络技术的充分利用，将网络技术应用于财务管理的各环节，提升其为企业创造价值的地位。

第五节 "互联网+"时代财务报告创新

一、"互联网+"时代传统财务报告模式面临的挑战

(一) 网络空间财务主体的多元化和不确定性

在"互联网+"时代,出现了大量的"互联网+"的网络公司或者运用互联网平台重新构建产业链的企业,在网络空间,企业经营业务灵活多变,因此,网络里的虚拟公司业务随时产生,但随着业务的完成,虚拟公司也能随时消失,传统财务报告模式基于持续经营的假设,无法适应这种快速短暂的经营活动,使得传统的财务报告不能适应"互联网+"时代的经济发展需求。

(二) "互联网+" 时代企业的周期变化

传统的财务报告基于企业持续经营的基础,但是互联网不仅加快了信息传播的速度,还缩短了企业的生产周期,加剧了企业经营活动的风险。在此种情况下,企业的利益相关者需要及时了解企业的相关经营状况,随时掌握有助于他们做出决策的信息,因此传统的基于财务分期而进行的定期编制的财务报表无法跟上时代的发展要求。

(三) "互联网+" 时代的财务信息范围变化

随着互联网技术的发展,人类进入网络经济时代,信息使用者们需要获取企业更多的信息,但由于传统财务报告模式单一地使用货币计量下的财务信息,无法满足时代发展的需要。信息使用者期待通过财务报告获取更多有利的信息,既包括货币信息也包括非货币信息,为他们的决策提供重要的参考意义,例如企业外部环境、企业人力信息、企业地理环境等。因此,"互联网+"时代的财务报告需要改善计量手段,扩充财务报告的信息容量,不断增加非货币信息,为信息使用者们提供更加全面系统的财务信息。

(四) "互联网+" 时代的财务信息及时性的要求

财务的价值基于信息用户能及时获得财务信息的假设,如果财务信息获取不及时,那么财务信息也就没有价值可言。传统的财务报告模式主要是以中报、年报的形式提供财务信息,因此信息披露呈现间断性。而在互联网时代,企业经营互动连续性不断增强,网络

空间的经济交易更加容易产生，因此交易活动的不断产生也促使财务信息连续不断地产生。随着互联网技术的发展，传统财务信息的及时性遭受严重的打击，无法满足信息用户的需求。

二、"互联网+"时代财务报告创新的必要性分析

（一）财务信息化革命催生财务报告模式改革

目前，更多的企业运用计算机、网络、通信、数据库技术、云技术、大数据等现代信息化技术对传统财务模式进行改造和重构，并高度整合财务资源构建现代化的财务信息系统，因此，财务报告的产生方式以及传播媒介发生了重大变化，财务信息之间出现严重的供需矛盾。这种矛盾加速财务信息供给方和需求方之间在信息披露方面要求以一种更加创新的方式呈现，否则难以解决这种矛盾，由此"互联网+"时代财务报告模式改革势在必行。

（二）实现财务信息数据及时共享的需要

企业通过互联网提供标准化源数据，实现财务信息数据及时共享。在"互联网+"时代，财务信息的传递通过互联网能够实现快速更新，对于信息需求者来说，能够通过互联网及时有效地获取最新信息，并在网络环境下构建财务信息系统，实现在线财务报告的及时更新。在线财务信息处理系统能够及时收集和处理企业各项交易事项产生的数据，并及时将处理结果传递给财务报告系统，而且企业内外部信息使用者能借助在线财务报告随时了解企业财务状况，使财务信息达到自动化。同时有关财务信息数据的传递均能通过供需双方收发电子邮件或由需求方登录供给方的网站进行访问，以获得充分的财务信息，保证了财务信息的及时性。

（三）减少资源的消耗和节省人力成本

企业在日常财务工作中，所有传统的账务处理从凭证的取得、填制到有关的账项调整，再到最终财务报表的生成、财务报告的发布，如不借助网络，其发布的时间不仅会受到限制，而且还会浪费大量的资源，并且无法实现信息资源的共享。如果通过网络进行财务报告，不但能够最大范围地进行财务信息处理，降低有关纸张、资源的消耗，还将减轻有关财务人员的工作量，使其无须再手工记账。

三、"互联网+"时代财务报告创新

(一) 建设网上实时财务报告系统

在"互联网+"时代，财务信息的集成难度不断增大。因此，企业应通过建设网上实时财务报告系统，建立企业的财务信息门户、财务信息中心、财务报表平台，实现财务信息的及时性、全面性、多样性，同时实现信息分析的便利性，并及时进行财务信息记录、更新等。

(二) 构建交互式按需财务报告模式

在"互联网+"时代，信息使用者的需求呈现多样化和共同性特征，通过网络系统构建交互式按需财务报告模式能够实现多种信息需求。交互式按需报告模式是向决策者适时地提供已按需编制好的或可按需加工的财务信息，旨在通过提供按需求编制的财务报告来满足不同使用者多样化的信息需求。交互式按需财务报告模式具备"互联网+"时代下的灵活性特征，通过建设数据库和建立模块化的财务会计程序，通过报告生成器和系统反馈渠道，能够实现信息使用者和财务报告单位之间双向、快速、直接地沟通，共同完成实时报告，信息使用者主动积极地为报告单位提出改进报告系统的对策，能有效地改善信息不对称的状况。

(三) 加强网络财务报告模式中的风险防控

在"互联网+"时代，企业通过建立财务信息系统，实现实时财务报告系统，共享财务信息资源，实现交互式按需财务报告模式，但网络财务报告在网络空间的风险不可避免，比如财务信息的泄密和网上黑客的攻击等。因此，企业应该注重网络财务报告模式中的风险防控，不断提高网络财务信息系统的安全防范能力。企业可以建立用户身份验证及权限管理控制制度、系统管理多重控制制度、业务申请处理流程控制制度、预算管理流程控制制度、内控制度实施情况的审计和检查制度等，适时采用防火墙技术、网络防毒、信息加密存储通信、身份认证、数据签名技术、隧道技术等措施进行风险防控。

总之，互联网在财务报告制度中发挥的作用日益凸显，更多的财务管理软件运用到企业财务管理之中，加速了财务报告模式的深度改革和创新。"互联网+"时代，传统的财务报告模式将逐渐消失，网络化的财务报告模式应运而生。因此，财务人员对于新的财务报告模式的掌握和驾驭需要形成终身学习的理念，主动学习新型的财务报告编制技能，构建计算机和财务知识相互融合的知识体系，以满足"互联网+"时代的财务报告模式需求。

参考文献

[1] 范婧. 新经济环境下基础会计理论与发展研究［M］. 北京：中国商务出版社，2019.

[2] 杨荣军，田媛媛. 营改增背景下税务会计理论与实务探析［M］. 长春：吉林大学出版社，2019.

[3] 董俊岭. 新经济环境背景下企业财务会计理论与管理研究［M］. 北京：中国原子能出版社，2019.

[4] 李涛，夏宁，沈华玉. 会计理论与应用［M］. 北京：中国电力出版社，2019.

[5] 邓书杰，王斌. 现代会计理论与方法研究［M］. 广州：广东旅游出版社，2019.

[6] 李丽. 企业会计理论与实务研究［M］. 延吉：延边大学出版社，2019.

[7] 袁向华. 会计理论与实践应用研究［M］. 长春：吉林教育出版社，2019.

[8] 姜永德. 会计理论与会计研究方法概论［M］. 成都：西南财经大学出版社，2019.

[9] 陈兰. 会计理论基础与实践应用研究［M］. 西安：西北工业大学出版社，2019.

[10] 李玥. 会计信息系统理论与实务［M］. 上海：上海交通大学出版社，2018.

[11] 魏永宏. 会计理论［M］. 北京：电子工业出版社，2018.

[12] 刘洋. 成本会计理论与实务［M］. 北京：中国铁道出版社，2018.

[13] 李丛. 会计理论与会计报表研究［M］. 北京：北京工业大学出版社，2018.

[14] 张丹. 财务管理与会计理论应用［M］. 长春：吉林出版集团股份有限公司，2018.

[15] 周芳. 财务会计理论与实践研究［M］. 北京：北京工业大学出版社，2018.

[16] 韩雯. 财务会计理论分析研究［M］. 北京：九州出版社，2018.

[17] 赵文生，冯秀健. 财务会计理论基础与创新研究［M］. 昆明：云南科技出版社，2018.

[18] 徐颖. 大数据与企业财务管理信息化建设研究［M］. 长春：东北师范大学出版

社，2019.

[19] 朱竞. 会计信息化环境下的企业财务管理转型与对策 [M]. 北京：经济日报出版社，2019.

[20] 韩吉茂，王琦，渠万焱. 现代财务分析与会计信息化研究 [M]. 长春：吉林人民出版社，2019.

[21] 董艳丽. 新时代背景下的财务管理研究 [M]. 长春：吉林人民出版社，2019.

[22] 叶霞，张冬梅. 财务信息处理与分析 [M]. 北京：航空工业出版社，2019.

[23] 杨海波. 中小企业现代财务管理信息化研究 [M]. 北京：中国原子能出版社，2018.

[24] 翟宁宁. 中小企业现代财务管理信息化研究 [M]. 长春：吉林出版集团股份有限公司，2018.

[25] 孔祥坤. 智能化时代财务管理及其信息化 [M]. 长春：吉林大学出版社，2018.

[26] 杨昆. 会计信息化应用 [M]. 北京：北京理工大学出版社，2018.

[27] 王鹏，刘明霞编. 会计信息化 [M]. 石家庄：河北科学技术出版社，2018.

[28] 郑新娜，唐羽，刘艾秋. 会计信息化 [M]. 北京：北京交通大学出版社，2018.

[29] 胡薇. 财务管理信息化研究 [M]. 延吉：延边大学出版社，2017.

[30] 郑丽. 财务与会计管理的信息化 [M]. 北京：九州出版社，2017.

[31] 曾俊平，李淑琴. "互联网+" 时代下的财务管理 [M]. 长春：东北师范大学出版社，2017.